상담문제 영역　④

청소년 따돌림 문제의 이해와 대처

교사와 상담자를 위한 실제적 지침

손진희 · 홍지영 공저

상 담 학　Best Practice 시리즈

학지사

발간사

"상담학은 상담에 관한 이론 연구뿐만 아니라 그 실천에 대한 연구 또한 중요하다."라는 명제에 대해 대부분의 상담학도들이 동의하리라 생각된다. 현재 우리나라에는 이미 수백 명의 상담학 전문가가 활동하고 있으며 수천 명의 학생들이 전문가가 되기 위한 수련을 하고 있다. 우리 상담전문가들은 청소년, 교육, 복지, 기업, 군대, 법원, 진로개발 등 여러 분야에서 전문적 활동을 하면서 국가와 사회에 공헌하고 있다. 상담의 실제는 이미 다양한 분야와 영역에 걸쳐 발전하고 있는 것이다.

'상담학 Best Practice 시리즈'는 실제 상담현장에서 수고하는 많은 상담전문가들의 실천 경험을 기반으로 하여 기존의 상담학 교재들의 이론 중심 내용에서 벗어나, 보다 실제적이고 상담현장에서 쉽게 적용해 볼 수 있는 사례 중심의 실천적 상담교재라 할 수 있다. 상담학 Best Practice 시리즈는 상담기법 영역, 상담문제 영역, 상담 프로그램 영역, 상담자 전문성개발 영역 등 총 4개 영역으로 구성되었다. 이론보다는 실제 사례를 통해 이론과 기법들이 사례에 어떻게 적용되는지 그 과정과 절차를 자세히 기술하여 상담자들의 실천적 지식을 높이고자 하였으므로, 상담학에 입문한 전공자나 학교 현장의 전문상담교사 그리고 전국의 청소년상담센터 상담전문가들에게 실제적인 도움이 될 수 있을 것이다.

이 시리즈는 한국 상담학계에서 활발히 활동하고 있는 상담학 교수 및 박사들로 구성된 각 영역의 전문가들이 힘을 모아서 집필한 결실이다. 이 시리즈가 출간될 수 있도록 애써 주신 집필진 모두에게 편집위원회를 대표하여 진심으로 고마움을 전한다. 아울러 상담학 Best Practice 시리즈가 출간될 수 있도록 아낌없이 지원해 주신 학지사 김진환 사장님과 최임배 편집부장님을 비롯한 관계자 여러분께도 감사드린다.

2007년
상담학 Best Practice 시리즈 편집위원회 위원장
김계현

머리말

  청소년들 사이에서 일어나는 따돌림은 학교폭력의 다양한
형태들(신체폭행, 금품갈취, 언어폭력, 괴롭힘, 사이버폭력)을 포
함하며, 은밀하고 장기적으로 진행된다는 점에서 그 피해가
심각한 경우가 많다. 저자들은 10여 년 전에 청소년상담실에
함께 근무하면서, '왕따' '학교폭력'에 대한 관심을 가지고 연
구, 프로그램 개발 및 심포지엄 등을 하였고, 당시뿐만 아니라
최근까지도 개인 및 집단 상담을 통해 다양한 '왕따' 피해 및
가해학생들을 만나고 있다. 내담자 중에는 따돌림으로 인해
교복에 벌레가 기어 다니는 환각을 동반한 급성 정신병적 상
태까지 이른 여학생과, 자녀의 고통을 지켜보며 가슴 아픈 눈
물을 흘리는 부모님도 있었다. 또 따돌림 문제로 난감해하고
당황스러워하는 교사를 만나기도 하였다. 이렇게 내담자를 만
나는 상담자로서, 현장의 교사들을 도와주는 자문가로서 최선
을 다해 일하면서도 때로는 실질적인 정보와 안내가 부족해
난감한 심정이 들었던 적이 많았다. 상담학 Best Practice 시리

즈 제안을 받은 저자들은 따돌림 문제를 다루면서 같이 고민
하고 공유했던 내용을 정리하고, 이를 통해 학교 및 상담 현장
에서 노력하고 계신 분들께 실제적인 도움을 줄 수 있는 지침
서를 만들어 보자고 의기투합하게 되었다.

　요즘도 뉴스에는 따돌림이나 학교폭력에 관한 기사가 매우
자주 실린다. 학교폭력의 내용과 수위는 성인 조직폭력 수준
에 비견될 만큼 잔인하여 어린 학생들이 저지른 일인지 의심
이 들 정도다. 따돌림 문제는 일회적 훈계나 징계로는 근본적
인 문제해결이 어렵고 재발하는 사례가 많아 교사, 학부모, 상
담교사 및 법률 관계자 등의 여러 전문가들이 협력해서 대처
하는 개입이 필요하다.

　이 책은 크게 세 영역으로 구성되어 있다. 제1장은 '따돌림
이해하기'인데, 따돌림에 대한 전반적인 이해를 돕기 위한 내
용이다. 기존의 연구 흐름을 정리하고, 따돌림 피해자와 가해
자를 이해하는 내용을 포함하였다. 제2장은 이 책의 핵심으로
담임교사, 전문상담교사 및 상담전문가들이 따돌림 상황에 직
면해서 어떻게 효율적으로 대처해야 하는지에 대한 방법론을
다루었다. 먼저, 문제가 발생하였을 때 최일선에서 청소년을
지도하는 담임교사가 따돌림 문제를 발견하고 중재하는 데 도
움이 되는 문제해결 과정에 대한 안내를 하였고, 관련된 사람
들을 대상별로 면담하는 구체적인 기법을 정리하였다. 그다음
으로 전문상담교사들이 따돌림 관련 학생들과 담임교사, 교육
행정가 및 학부모들을 어떻게 면담하고 중재해야 하는지에 대
해서 안내하였다. 마지막으로 상담전문가들이 학교에서 발생

한 따돌림에 어떻게 관여하고 지원해야 하는지에 대해서도 논의하였다. 제3장에서는 따돌림 피해학생들에게 적용할 수 있는 집단상담 프로그램을 제시하였다. 본 프로그램 내용은 저자들이 '따돌림 피해자들을 위한 집단상담 프로그램'을 개발하고 직접 수년간 적용해 보면서 효과가 있다고 판단된 내용들을 중심으로 정리하였다.

이런 내용을 구성하는 데는 저자들의 경험이 일차적으로 반영되었다. 뿐만 아니라 학교 현장의 생생한 모습을 보여 줄 수 있도록 일반교사, 상담교사 및 상담전문가들을 인터뷰하여 추출한 내용을 포함시키고자 노력하였다.

이러한 목적에 충실하고자 하였지만, 집필을 마치는 지금까지 매우 미흡한 마음을 금할 수 없다. 현실적으로 학교마다 상황이 다르므로 이 책의 내용을 그대로 현장에 반영하기 어려운 경우도 있을 것이다. 그러나 기본적으로 따돌림이 발생하였을 때 어떻게 대처해야 하는지에 대한 기본적인 틀과 방향을 일선의 많은 교사, 전문상담교사 그리고 상담전문가들에게 보여줄 수 있을 것으로 기대한다.

마지막으로 이 책을 출간해 주신 학지사 김진환 사장님과 많은 표와 그림을 멋지게 편집해 주신 편집부 여러분의 노고에 감사드린다.

2008년

손진희 · 홍지영

차 례

 청소년상담 관련 기관 ⋯⋯⋯⋯⋯⋯⋯⋯⋯⋯⋯⋯⋯⋯⋯ 167

1

따돌림 이해하기

요즘 아이들에게 새 학기에 가장 두렵고 걱정되는 것이 무엇인지 질문하면 제일 많이 나오는 말은 "왕따를 당할까 봐 걱정돼요!"다. 새로운 친구를 사귀고, 담임선생님이 어떤 분일지 친구들과 수다 떨고, 새로운 학년에 대한 여러 가지 기대감으로 설렐 시기에 친구들로부터 따돌림을 당하지 않을까 노심초사하는 아이들이 안쓰럽다. 학교생활을 정상적으로 하는 아이들도 이럴진대, 이전에 따돌림을 당했던 학생들의 공포는 말로 표현하지 못할 정도다. 따돌림당한 사실을 아는 친구가 한반이 되었는지, 혹은 같은 학교로 배정받았는지 살피며 전전긍긍한다. 청소년들 사이에 '한번 왕따는 영원한 왕따'라는 말이 있다. 반이 달라지거나 상급 학교에 진학을 하더라도 이전 학급이나 학교에서 불리던 '왕따' 꼬리표가 끈질기게 따라붙는 것이다. 심지어는 전학을 한 학교로도 인터넷을 통해 따돌림 정보가 전파되기도 한다.

부모들 역시 이런 실정을 아는지라, 자녀들이 새 학년이 되면 "튀지 말고 아이들과 잘 지내라."고 신신당부한다. 여러 가지 사정으로 아이들을 다른 학교로 전학시켜야 할 상황이면 부모들의 걱정은 더욱 크다. 새 학교 친구들이 내 아이를 친구로 받아 주지 않을까 걱정이 되기 때문이다. 그래서 자녀들을 전학시켜야 되는 부모는 가능한 새 학기에 맞추어 전학시키되, 개학일 하루도 차이가 없이 전학할 수 있도록 신경을 쓴다.

1990년대 중반 이후 왕따를 당하던 학생의 자살 사건이 언론에 크게 보도되면서 따돌림 문제가 세간의 관심을 받게 되자, 청소년 기관의 전문가들은 실태 조사에 나섰고 따돌림과 관련한 피해자와 가해자의 특성을 밝히는 연구들이 진행되었다. 또한 각종 심포지엄이나 학회의 행사들을 통해 따돌림 문제를 조명하는 움직임도 많이 있었다. 1998년도에는 검찰에서 주관한 '자녀 안심하고 학교 보내기' 운동 본부가 발족되었고, 2004년 7월 「학교폭력예방 및 대책에 관한 법률」이 시행되기에 이르렀다. 이 「학교폭력예방 및 대책에 관한 법률」에 근거해서 학교에 학교폭력예방을 위한 전문상담실이 설치되었고 상담교사가 배치될 수 있는 근거가 마련되었다.

하지만 10여 년이 지난 지금도 왕따 문제나 학교폭력 수위는 낮아지지 않고 있다. 학교폭력 관련 청소년의 비율이 높아지고 있고, 연령대도 낮아져서 초등학생들의 비율이 빠르게 증가하고 있다. 왕따를 가하는 수법도 달라지고 있다. 최근에는 사이버폭력이 그 위험 수위에 올라 있는데 컴퓨터의 메신

저나 휴대폰을 이용해서 피해자 학생에게 심한 욕설이나 심리적 위협을 가하는 일이 늘었다.

따돌림은 유사 이래로 인간 사회에 존재해 온 관계양식 중 하나라고 하지만, 요즘 청소년들 사이에서 일어나는 따돌림 양상은 피해자를 죽음으로 내몰 정도로 잔인하고 폭력적이어서 문제가 된다. 특히 전 생애 발달단계에서 청소년기는 또래의 영향이 큰 시기라는 점에 그 심각성이 있다. 청소년기에 이르러 자신이 누구이고 어떤 사람인지 자신을 확인해 나가는 과정에 중심적인 역할을 하는 것이 바로 또래다. 또래가 자아를 비추는 거울인 만큼 또래집단에서 배제되어 홀로 떨어지는 경험은 심리적인 죽음을 선고당한 것이나 마찬가지로 끔찍한 일이다.

그러나 정작 따돌림당하는 아이들과 가장 가까이 있는 부모나 교사들은 아이들만큼 따돌림의 심각한 폐해를 모르는 듯하다. 아이들이 성장하면서 치고 박고 싸우는 일을 성장 과정에서 생기는 정상적인 것이라고 치부하는 인상을 보이고 있기 때문이다. 최근에 따돌림의 심각한 후유증이나 자살과 같은 따돌림의 극단적인 결과들이 심심찮게 보도되면서 부모들이나 교사들의 경각심이 높아지기는 하였으나, 아직 따돌림당하는 아이들을 식별하거나 이들을 어떻게 도와야 하는지에 대해서는 잘 모르는 상태다.

"우리 때는 친구들과 잠깐 서먹하더라도 곧 화해하고 같이 어울렸는데, 요즘 애들은 그러질 못해." 라고 얘기하는 어른들이 많다. "요즘 애들은 끈기가 없다."느니, "형제가 없이 커서 서로 적당하게 타협하고 어울리고 하는 방법을 모른다."라고 한탄한다. 맞는 말이기도 하다. 형제가 없거나, 있어도 대부분 한 명인 경우가 많아 먹을 것을 가지고 싸울 일도 없고, 좋은 옷 입겠다고 다툴 일도 없는 게 요즘 아이들이다. 아쉬운 것도 없고 부족한 것도 없어 어떻게 상대방의 마음을 읽고 대처해야 하는지를 배우는 게 미숙할 수밖에 없다. 집에서 좋은 대우만 받다가 친구들로부터 따돌림당하는 상황에 부딪치면 힘들 수밖에 없다. 어떻게 대처할지 막막할 따름이다. 그러나 따돌림 피해자들이 요즘의 철없는 애들이어서 문제가 되는 것은 아니다. 요즘 청소년들 사이에서 일어나는 따돌림은 예전 부모들의 세대와 달리 집요하고 지속적이며 잔인하게 이루어지는 게 특징이다. 그런 상황이면 심리적으로 아무리 튼튼한 장사라도 버티기가 어렵다.

이 장에서는 따돌림과 관련한 몇 가지 쟁점에 대한 논의를 정리하고 다음 장에서 본격적으로 다룰 따돌림 극복을 위한 전략들의 기초적인 이해를 돕고자 한다.

여전히 지속되는 왕따 사건들

당시 16세였던 모 중학교 3학년 L군이 유서를 써 놓고 자살을 하였다. L군 부모님은 아들 장례식 날 같은 반 아이들이 아들을 괴롭혔다는 고백을 듣고 학교에 진상 규명을 요구하고 경찰에도 수사를 의뢰하였다. 학교에서는 괴롭힘 때문에 자살한 것이 아니라는 짧은 회신을 보내왔고, 경찰도 단순한 성적 비관 자살로 결론을 내렸다. L군 아버지는 생업을 접고 아들의 같은 반 친구들과 옆 반 친구들 100여 명을 만나 이들 중 30여 명으로부터 괴롭힘에 대한 진술서와 반성문까지 확보하였다. 게다가 몇몇 학생들로부터는 학교에서 "성적 비관 때문이지 왕따나 괴롭힘으로 죽었다고 절대 말하지 말라."고 했다는 말까지 들었다. L군 아버지는 "가장 안전하다는 교실에서 1년이 넘도록 집단 괴롭힘을 당할 때까지 학교가 한 일이 무엇인지, 그리고 아이들이 사죄를 하며 용서를 구하는 마당에 학교 측은 여전히 사건을 은폐하기에 급급해하고 있다."라며 분노하고 있다(동아일보, 2007. 1. 4).

모 지방의 한 여고생은 친구들의 따돌림 때문에 목숨을 끊었다. 이 여고생은 중학교 때 우등생으로 졸업하고 고교에 진학에 새로운 친구를 사귀는 과정에서 2주 전부터 친구들이 자신을 상대해 주지 않고 소외를 시키자 스스로 목숨을 끊었다고 한다. 경찰은 이 여고생이 사춘기를 겪으면서 경험한 '왕따'에 큰 상처를 입고 스스로 목숨을 끊은 것으로 보고 있다. 이 여고생의 친구는 "친구가 고등학교에 입학하면서 몇 명을 새로 사귀였지만 최근 이 애들로부터 따돌림을 당해 고민을 많이 했다."라고 전하였다(노컷뉴스, 2007. 4. 3).

1. 따돌림이란 무엇인가

우리나라에서 청소년들의 '따돌림' 문제가 본격적으로 제기된 시기는 1990년대 중반 이후부터다. 아이들 사이에서는 따돌림이 '왕따'로 불리고 있다는 사실이 알려지면서 각종 언론매체, 전문학술연구에까지 '왕따'라는 용어의 사용이 빈번해졌다. 왕따 문제는 1990년대 이후 대표적인 청소년 문제 중 하나가 되었다. 왕따로 많은 청소년들이 자살로 삶을 마쳤고, 정신적 후유증으로 고통을 겪었으며, 학교와 학부모들 사이의 소송 분쟁도 눈에 띄게 늘어났다.

왕따 혹은 집단 따돌림을 얘기할 때 가장 많이 언급되는 용어는 영어의 'bullying'과 'mobbing'이다. 'mobbing'은 학교 장면의 괴롭힘을 표현하는 말이기도 하지만 주로 직장에서 일어나는 장기적이고 심리적인 괴롭힘을 언급할 때 더 자주 사용된다. 반면, 'bullying'은 주로 학교에서 청소년들 사이에서 일어나는 집단 괴롭힘을 언급할 때 사용되는 경향이 있다.

청소년들 사이에서 발생하는 'bullying'을 연구한 대표적인 학자는 노르웨이의 사회심리학자인 Dan Olweus다. 그는 'bullying'을 한 학생이 반복적이고 지속적으로 한 명 혹은 그 이상의 다른 학생들로부터 부정적인 행동, 즉 괴롭힘을 당하는 것으로 정의하였다(Olweus, 1995). 여기서 부정적인 행동이란 어떤 사람이 남에게 의도적으로 상처나 고통을 주거나 주려는 시도를 의미한다. 따라서 Olweus의 집단 괴롭힘은 폭행이나 구타뿐만 아니라 위협한다거나 못살게 굴고 놀리는 것, 그리고 따돌리는 것 모두를 포함한 포괄적인 범위의 행동을 말한다. 우리나라에서는 구체적인 용어로 집단 괴롭힘, 집단 따돌림, 학교폭력 등으로 번역되고 있다.

권준모(1999)는 우리나라의 따돌림은 다른 나라의 'bullying'이나 '이지메'와 구분된다고 하면서 집단적 가해와 공개적 명명화 및 관계적 소외가 한국 왕따 현상의 특징이라고 하여 다른 정의와 구분하려고 하였다. 모 중학교 2학년 교실을 실제 비디오로 촬영하여 살펴본 연구(이훈구, 2000)에 따르면, 우리나라 교실에서는 Olweus의 집단 괴롭힘의 정의에 포함된 모든 행동이 발견됨과 동시에 신체적 구타를 하는 광경이 더 많이 발생하였다. 뿐만 아니라 왕따에게 강제로 노래와 춤추게 하기, 이상한 표정 짓게 하기, 괴상한 몸동작하게 하기 등이 포함되어 있었다. 개별 학생들이 왕따를 마치 그 학급의 애완동물인 양 취급하며 수시로 폭력을 구사하는 것으로 나타나, 우리나라의 경우 왕따가 신체적 폭력이 더 많이 수반되는 독특한 양상을 띠고 있음을 보여 주었다(이훈구, 2000).

2004년도에 제정된 「학교폭력예방 및 대책에 관한 법률」 제2조 제1호에 따르면, 학교폭력이란 '학교 내외에서 학생 간에 폭행, 협박, 금품갈취, 따돌림 등에 의하여 신체 정신 또는 재산의 피해를 수반하는 행위로서 대통령령이 정하는 행위로 정의한다.'고 되어 있는 것에서 확인할 수 있듯이 따돌림은 학교폭력 내의 한 가지 요소로 정의되고 있다.

따돌림에 대한 이러한 정의들을 종합해 보면, 왕따, 집단 따돌림, 집단 괴롭힘, 학교폭력 등의 다양한 용어들이 혼재되어 사용되고 있음을 알 수 있다. 따돌림을 학교폭력의 하위 유형으로 보기도 하나, 학교폭력이라고 할 경우는 신체적 폭력의 의미를 강하게 내포하고 있어 경우에 따라 구분해서 사용되고 있는 것으로 보인다. 이 책에서는 이 용어들이 거의 비슷한 의미로 쓰일 수 있으며, 용어의 명확한 구분은 의미가 없다고 본다. 일회적인 단순 폭력을 제외하고는 결국 피해자에게 일어나는 현상은 반복적이고 의도성 있는 집단 괴롭힘 및 따돌림의 양상으로 나타나는 경우가 많으므로, 여기서는 문맥에 맞게 이 용어들을 혼재해서 사용하되 '따돌림'이란 용어를 주로 사용하고자 한다.

따돌림의 정의

'따돌림'이란 학교폭력의 한 차원으로서 학교 및 학급 내에서 왕따 명명화가 먼저 선행이 된 이후, 한 명 이상의 가해자로부터 희생자에게 가해지는 언어적 학대, 신체적 학대, 반복성, 의도성, 사회적 배제, 힘의 불균형 사용 등이 특징으로 나타나는 현상을 일컫는다.

• 따돌림이 일어나는 양상
 −신체적 괴롭힘: 주먹질하기, 발로 차기, 침 뱉기, 차기, 지

우개 던지기, 연필이나 볼펜으로 찌르기, 무릎 꿇게 하기, 돌아가면서 때리기, 옷에 낙서하기, 옷 찢기, 피해학생의 물건이나 신체를 툭툭 건드리거나 치고 지나가기
- **언어적 괴롭힘**: 욕하기, 싫어하는 별명 부르기나 말로 놀리기, 싫어하는 말로 바보 취급하기, 말을 따라 하며 놀리기, 빈정거리기, 면박이나 핀잔주기, 휴대폰 문자로 욕이나 비난하기, 메신저에 들어오게 해 놓고 무시하거나 욕설하기
- **간접적 괴롭힘**: 나쁜 소문내기, 눈 흘기기, 째려보기, 빙 둘러서 다니기, 위협적인 몸짓하기, 도시락 같이 안 먹기, 같이 놀지 않기, 물건 감추기, 전혀 말을 걸지 않거나 상대를 하지 않기, 사사건건 시비를 걸고 약을 올리기, 물어봐도 대답하지 않고 쳐다보지도 않기, 등굣길이나 하굣길에 자기들끼리만 가기, 쉬는 시간에 같이 놀지 않기, 과잉친절로 불안하게 하기

1) 따돌림은 주로 언제, 어디에서 발생하는가

따돌림은 주로 교실 내의 동급생 사이에서 많이 발생한다. 가해자들은 한두 명의 주동 학생들이 있고 주동 학생들을 추종하는 일부 학생들로 구성된다. 그리고 학급의 다수 방관자인 일반 학생들이 있다. 따돌림이 주로 일어나는 시간대는 교사의 지도감독이 없는 수업 중간의 쉬는 시간이나 점심시간이다. 특히 쉬는 시간, 청소 시간 동안의 화장실은 교사의 지도감독이 미치지 못하는 지역으로 따돌림이 많이 일어나는 장소

다. 간혹 수업 중에도 따돌림 현상이 일어나기도 하는데, 피해 학생이 책을 읽거나 발표를 할 때다. 주로 주동 학생이 먼저 시 작을 하면 나머지 학생들이 동조하여 피해학생에게 야유나 조 롱을 보내고 비웃는 행동을 한다. 그 외에도 체육 수업과 같이 운동장을 활용하는 수업에서 더 노골적인 따돌림 가해 행동이 일어나기도 한다. 신체적인 폭력이 수반되는 따돌림일 경우는 피해학생이 학교에 등교할 때나 하교할 때와 같이 교실 이외 의 장소에서 종종 일어나고 있다.

2) 따돌림에 성차가 있는가

따돌림에 성차가 있는가 하는 논란이 있지만 대체적으로 따 돌림에 성차가 있다는 게 일반적인 견해다. 여학생들은 사회 적 배제와 같은 형태의 간접적인 괴롭힘을 더 사용하는 것처 럼 보이는 반면, 남학생들은 신체적 공격과 같은 직접적인 형 태의 괴롭힘을 더 사용하는 것처럼 보인다(Rivers & Smith, 1994; Whitney & Smith, 1993).

Olweus(1995)에 따르면, 'bullying'의 경우 남학생 사이에서 는 물리적 폭력이 더 흔한 반면, 여학생 사이에서는 비방, 소문 퍼뜨리기, 우정관계의 조작(예: 다른 여학생의 가장 절친한 친구 를 빼앗는 일) 등 좀 더 교묘하고 간접적인 방법으로 시달리게 만들면서 물리적이 아닌 방법(예: 말이나 동작 등)으로 괴롭히 는 것이 가장 흔한 형태다.

김원중(2004)은 성차에 관한 선행 연구들을 종합하였다. 남학생들의 따돌림은 주로 신체적 힘의 우열에 따라 가해자와 피해자가 갈라지는 일이 많고, 그 양상 또한 겉으로 분명히 드러나는 신체적 혹은 언어적 폭력을 주로 사용한다. 반면, 여학생들의 경우는 선생님이나 친구들 사이의 관심과 인정을 놓고 경쟁하는 과정에서 과도하게 속내를 드러내거나 감추는 등의 미숙함을 보이는 학생을 대상으로 삼아, 무시하고 소외시키는 식의 심리적 방법을 주로 사용한다(김원중, 2004). Roland(1988) 역시 남학생들은 남녀 모두를 괴롭히며 다른 반에서도 피해자를 물색하는 반면, 여학생들은 주로 여학생들을 괴롭히고 자기 반에서 피해자를 선택한다고 하였다. 'bullying'에 대한 정의에서 여학생들은 남학생들보다 언어적 괴롭힘을 더 많이 언급하였고, 특히 희생자의 상처받은 감정에 초점을 두는 경향이 있었던 반면, 남학생들은 괴롭힘과 관련해서 반복성에 초점을 두는 경향이 있었다(Naylor et al., 2006).

3) 따돌림 피해자에게는 어떤 후유증이 있는가

따돌림이나 학교폭력을 연구해 온 학자들은 어렸을 때 따돌림의 희생자가 되었던 아이들은 건강한 어른으로 성장하는 데 지장을 받는 경우가 훨씬 많다고 말한다. 즉, 따돌림을 받았던 아이들은 어른이 되었을 때 문제행동에 더 많이 노출되거나 실업률이 더 높고 정신건강 관련 문제를 더 경험하는 것으로 나타났다.

더욱 구체적으로 살펴보면, 피해학생은 따돌림이 시작되면 학교에 가는 것을 꺼리게 된다. 밤에 악몽을 꾸거나 몸이 아프다고 하는데, 특히 머리와 배가 아프다고 호소한다. 이런 증상이 지속되면 결국 집중력이 손상되고 최종적으로는 학업성취에서 손해를 본다. 피해학생은 정서적으로 종종 비참한 기분을 느끼고 자신이 뭔가 잘못되었다는 느낌을 가지면서 자신이 못났기 때문에 이 모든 일들이 일어나고 있다고 생각한다. 시간이 지나면서 점차 자신감도 떨어지고 자기존중감도 저하된다. 부모나 교사에 대한 신뢰감도 잃게 되고 고립된 듯한 느낌을 갖는다. 이렇게 따돌림 상황에 장기간 놓이게 되면 성인이 되어서도 대인관계에 어려움을 보일 가능성이 높다. 동성뿐만 아니라 이성과의 관계에서도 자신감이나 대인관계 기술이 부족하여 어려움을 겪을 수 있다.

최근 '왕따가 먼저냐 사회성 부족이 먼저냐' 하는 왕따현상에 대한 오래된 논쟁에 종지부를 찍는 연구 결과가 발표되었다(조선일보, 2007. 3. 20). 미국 예일대학교 정신과 김영신 교수 외 연구진이 2000~2001년에 한국 남녀 중학생 1,655명을 대상으로 조사한 결과, 2001년에 사회적 미성숙·공격성·비행 등의 문제를 보인 학생들의 대부분이 이미 2000년에 왕따를 경험했던 것으로 나타났다. 즉, 문제 있는 학생들이 왕따를 당하는 것이 아니라, 왕따를 당하다 보니 문제가 생겼다는 결론이다. 연구에 따르면, 왕따를 당한 학생들은 나중에 왕따의 '피해자'나 '피해자 겸 가해자'가 될 가능성이 그렇지 않은 학생들보다 3.9배나 높았다. 왕따의 가해자였던 학생들 역시 왕따에 관여하지 않은 학생들에 비해 공격적 행동을 할 위험성이 1.8배 증가하였는데, 특히 여학생은 이 비율이 12.3배로 증가하였다. 2000년 왕따의 피해자나 가해자였던 학생들은 왕따에 관여하지 않은 학생들에 비해 1년 뒤 공격성과 주의력결핍과잉행동장애(ADHD) 지수도 각각 4.9배, 4.6배 증가하였다. 김 교수는 "왕따의 피해자들은 급우들과 어울리며 얻게 되는 사회적 성숙의 기회가 없어 또래에 비해 사회성이 떨어진다."라고 하면서 "이는 다시 새로운 정신병리적 문제를 낳는 악순환을 불러온다."라고 말하였다(조선일보, 2007. 3. 20).

따돌림은 청소년들에게 다음과 같은 후유증을 남길 수 있다.

• 성인이 된 이후 우울, 불안, 피해의식 등 심리적 장애를 겪을 비율이 높다.
• 이성과 사귀는 데 문제를 경험할 가능성이 크다.
• 자기개념이 부정적이고 더 우울할 가능성이 크다.
• 타인을 신뢰하지 못할 가능성이 크다.
• 학업성취 수준이 낮을 가능성이 크다.
• 실업률과 같은 진로문제를 경험할 가능성이 크다.
• 피해자이면서 동시에 가해자가 될 가능성이 크다.

2. 따돌림에 관계된 사람들은 누구인가

따돌림 희생자들에 대한 특성들은 많이 논의되어 왔다. 하지만 오늘날 청소년들 사이에 일어나는 따돌림 특성은 정형화하여 말하기에 어려운 측면이 있다. 학급에서 뒤떨어지거나 너무 잘나도 왕따를 당하기 때문에 거의 예외가 없다고 해도 무방하다. 우리 문화는 집단주의 성격이 강해서 '가만있으면 중간은 간다.'는 농담이 사회적 처세술로 암묵적인 인정을 받고 있다. 개인의 개성이나 독특함은 '정 맞기' 십상이어서 어떤 식으로든지 남하고 다르면 부정적 관심의 대상이 된다. 그동안 임상 경험과 선행 연구들에서 밝혀진 따돌림 피해자 및 가해자의 특성을 다음과 같이 정리하였다.

1) 따돌림 피해자의 특성은 어떠한가

(1) 피해자의 유형

Olweus(1995)는 따돌림 피해자들을 몇 개의 유형으로 구분하였는데, 실제 상담에서 만나는 내담자나 교사들을 상대로 확인한 결과 대체적으로 그의 유형 구분이 적절함을 알 수 있었다.

① 수동적 피해자

수동적 피해자들(passive victims)은 "자신은 공격이나 모욕을 당해도 맞대응하지 못하는 불안정하고 무가치한 인간이라는 의미의 태도와 행동양식을 다른 학생들에게 보이며, 남학생의 경우는 '신체적 열세'가 추가되는 특징을 보인다."(Olweus, 1995)

현직에 있는 교사들이 관찰한 피해자들의 특성에서도 이와 비슷한 것이 관찰되었다. 즉, 외모가 단정하지 못하고 신체적으로 나약해 보이며, 상황에 맞는 적절한 대처 능력이 부족한 청소년들이 주로 따돌림을 당한다. 수동적 피해자는 학교에서 혼자 지내며 친구가 별로 없다. 또한 동년배보다 신체적으로 허약한 특성을 가지며, 부모와의 밀접한 관계를 유지하기 때문에 종종 교사들로부터 과잉보호를 받는다고 평가된다.

② 도발적 피해자들

도발적 피해자(provocative victims)들의 유형은 "주의집중의 결핍과 과잉행동의 문제로 주위 사람들에게 긴장과 불편감을 초래하는 경우가 많고 불안한 반응 형태와 공격적 반응 형태가 결합되어 있는 특징을 보인다."(Olweus, 1995) 이들은 또래들과 어울리고 싶어 하지만 친구들을 귀찮게 하거나 방해하고, 특히 수업시간이나 또래가 함께하는 상황에서 부적절한 행동양식을 보이는 것이 특징적이다.

그리고 왕자병, 공주병으로 일컬어지는 유형의 아이들 역시 도발적 피해자 유형이 되기 쉽다. 이들은 '잘난 체하는' 행동 특징을 보이고 자기본위로 행동하는 경향이 있다. 그러다 보니 타인과 공감을 이루지 못하고 자신의 문제를 인식하지 못해서 아이들로부터 소외를 당한다.

③ 피해자이면서 가해자

따돌림 피해자이자 가해자인 유형들도 있는데 최근 들어 이런 유형들이 늘어나는 추세다. 이들은 처음에는 따돌림 피해자였다가 자신보다 더 약자인 학생을 발견하면 그 학생을 따돌리거나 폭력을 가함으로써 자신이 받는 혹은 받았던 피해를 보상하고자 하는 경향을 보인다.

이렇게 피해자와 가해자의 이중 역할에 놓여 있는 아이들은 대체적으로 가해 주동자 주변을 맴도는 경향이 있다. 스스로는 완전히 가해자 역할을 하지 못하고 힘의 우위에 있는 아이 옆에 붙어서 힘을 행사하는 셈인데, 그러면서도 이런 아이들은 힘의 우위를 점하는 아이로부터 만성적인 따돌림이나 폭력을 당한다.

(2) 피해자들의 심리적 특성

이훈구와 이병두(2001)의 연구에 따르면, 왕따 피해자집단은 상태불안을 보였고, 특성불안은 가해자나 일반집단보다 유의미하게 높게 나타났으며, 자존감과 문제해결력은 다른 집단보다 낮게 나타났다. 집단별 정서 차이에서는 피해집단이 제일 불안하고 우울하였으며 분노감이 매우 높고, 피로감, 혼란 및 정서적 고통을 가장 많이 느꼈다. 이춘재와 곽금주(1999)의 연구에서도 집단 따돌림의 피해자집단이 정상집단의 학생들에 비해 자기개념이 부정적이고 사회적 지지를 적게 받으며 더 우울한 것으로 나타났다.

(3) 피해자 식별 단서들

따돌림 연구자들(강진령, 유형근, 2002; Olweus, 1995)과 교사들과의 면담에 따르면, 따돌림 희생자들은 다음과 같은 단서들로 식별된다고 한다. 다음은 학교에서 따돌림 피해자들을 식별할 수 있는 단서들이다.

- 반복적으로 희롱을 당하고 별명이 불린다. 조롱, 위협, 멸시, 협박을 당하고 지시나 지배를 받고 굴복한다.
- 친구의 웃음거리가 되거나 비웃음을 받는다.
- 꼬집히고, 다른 아이들로부터 툭툭 맞으며, 밀쳐지고, 주먹으로 맞고, 발로 차인다. 체육복이나 교복 뒤에 낙서를 당하거나 만년필이나 연필로 찍힘을 당한다. 하지만 이에 대해 적절하게 자기자신을 방어하지 못한다.
- 흉내 내기와 같은 일들을 당한다.
- 피해를 당하면 울거나 전혀 방어하지 못한다.
- 책을 자주 잃어버리거나, 돈이나 다른 물건들을 빼앗기고 훼손당한다.
- 멍이 들고 상처가 나고 베이고 긁히며, 또는 옷이 찢어지는데 설명을 못한다.
- 쉬는 시간과 점심시간에 외톨이로 있고, 교실에 친한 친구가 한 명도 없다.
- 팀으로 협동 수업이나 게임을 할 때 맨 마지막으로 끼인다.
- 수업시간에 거의 발표를 안 하고 불안해하는 인상을 보인다.

- 우울하게 보이고 자주 눈물을 글썽거린다.
- 학교성적이 갑자기 또는 서서히 떨어진다.

다음 항목들은 가정에서 따돌림 피해자들이 보이는 태도다.

- 옷이 찢어지거나 엉망이 되는 경우가 있다.
- 책이나 학용품이 자주 망가지거나 없어진다.
- 멍이 들거나 상처가 있는데 이유를 설명하지 않는다.
- 친구들을 집으로 거의 데려오지 않고, 친구들 집에 놀러가는 일이 없다.
- 밖에 나가 놀려고 하지 않는다.
- 친구들로부터 전화가 안 오고, 전화가 와도 부적절하게 받는다.
- 학교에 가는 것을 꺼리고 식욕이 없으며, 머리나 배가(특히 아침에) 반복적으로 아프다.
- 전학 가고 싶다는 말을 한다.
- 학교에 가거나 학교에서 돌아올 때 '엉뚱한 노선'을 택한다.
- 악몽을 꾸면서 잠을 설치고 꿈을 꾸면서 운다.
- 학업에 대한 흥미를 잃고 성적이 떨어진다.
- 불행하고, 슬프고, 우울하게 보이거나 짜증을 부리고 갑자기 화를 내는 등 감정의 기복이 심하다.
- 가족들에게 공연히 돈을 요구하거나 돈을 훔친다(폭력학생들의 요구를 들어주기 위하여).

2) 따돌림 가해자의 특성은 어떠한가

(1) 가해자의 일반적 특성

따돌림 가해자의 특성에 대해 논의되어 왔지만 한마디로 정의 내리기는 어렵다. 리더십이 있고 학업성적이 우수한 아이가 중심이 되는 경우도 있고, 신체적인 힘을 우위로 또래들을 제압하는 아이들도 있다.

Olweus(1995)는 집단 괴롭힘의 가해자가 될 가능성이 있는 청소년들의 일반적인 행동특성을 다음과 같이 언급하였다. 즉, 악질적인 방법으로 반복적으로 희롱·조소·위협·협박을 하며, 이름을 마구 불러 웃음거리로 만들고, 조롱하면서 툭툭 치고 밀치고 때리거나 발로 차고, 다른 학생들의 물건을 망가뜨린다. 폭력학생은 많은 다른 학생들에게 이러한 행동을 하지만, 특히 자기보다 약한 학생, 상대적으로 방어 능력이 없는 학생들을 목표물로 선택해서 그러한 행동을 한다. 또한 많은 폭력학생들은 자신은 뒷전에 물러서 있으면서 다른 추종자들에게 더러운 짓을 하도록 유도하기도 한다.

이와 같은 따돌림 가해자들의 특성을 정리하면 다음과 같다.

• 동급생, 특히 희생자보다 육체적으로 힘이 세다. 피해자와 나이가 같거나 더 나이가 많으며, 운동 면에서 신체적으로 더 유리하다.
• 다른 학생들을 지배하고 굴복시키고 힘과 위협으로 자기주

장을 세우거나 자기 뜻대로 관철시키려는 욕구가 강하다.

- 성미가 급하고, 화를 잘 내며, 충동적이고, 좌절에 대한 인내력이 약하다. 따라서 규칙을 지키기 어렵고 장애물과 지연을 참기 어려워 속임수를 써서라도 이익을 얻으려 한다. 충동통제력이 부족하고 과잉 반응하는 경향을 보인다.
- (교사와 부모를 포함한) 어른들에게 일반적으로 반대하고 무시하고 공격적이다(폭력학생의 나이와 육체적인 힘에 따라서는). 어른들에게도 겁을 준다. '난처한 상황'에 닥쳐도 말로 잘 빠져나간다. 자신의 충동적 행동에 핑계를 잘 대면서 도리어 타인을 비난하는 식의 행동을 보인다.
- 피해자가 되는 학생에게 동정심을 전혀 보이지 않는다. 타인의 처지나 관점을 조망하는 능력이 부족하다.
- 전형적으로 자기자신에 대하여 비교적 적극적인 견해를 가진다.
- 다른 동급생에 비해서 비교적 더 어린 나이에 도둑질, 강탈, 음주 등 반사회적 활동에 참가하고 나쁜 친구들과 어울릴 수 있다. 양심의 발달과 도덕적 사고 발달이 미흡한 경향이 있다.
- 또래 사이에서 인기가 평균 수준이거나 그 이상 또는 이하지만 적어도 작은 그룹의 또래로부터 지지를 받는 경우가 많다. 중학교에서는 초등학교보다 폭력학생의 인기가 낮다.
- 초등학교 때 성적은 평균 수준이거나 그 이상 또는 이하지만 중학교에 들어가면 일반적으로 종전보다 성적이 더 나빠

지고 학교에 대한 부정적인 태도가 심해진다.
• 과거의 즐거운 경험을 잘 기억하지 못하는 문제가 있다.
• 미래를 조망하고 예측하는 능력이 부족한 경향이 있다.

(2) 가해자의 심리적 특성

학교폭력 가해자는 대체적으로 충동통제력이 부족하며, 외부자극에 대해 통제력이 약하고 과잉 반응하는 경향이 높다. 또한 과거의 즐거운 경험을 잘 기억하지 못하는 기억력과 미래 예측 능력의 부족, 타인의 처지나 관점을 조망하는 능력의 부족, 양심 발달과 도덕적 사고 발달의 미흡 등의 문제를 지니고 있다. 그리고 자신의 충동적 행동에 핑계를 잘 대고 타인을 비난하는 식의 행동을 많이 한다는 등의 심리적 특성이 있다 (이춘재, 곽금주, 2000).

Olweus(1991)에 따르면, 가해학생의 심리사회적 특성으로 충동성, 타인에 대한 강한 지배욕, 피해자에 대한 낮은 공감 정도 등을 들 수 있다. 하지만 이들이 불안하거나 불안정하고 낮은 자존감을 갖고 있다는 지표는 발견하지 못하였다고 보고하고 있다. 즉, 가해학생들은 자신들이 가해자라는 점에 대해 죄책감을 느끼지 않으며, 자신들의 행동을 정당하다고 받아들인다는 것이다. 결국 이들은 목적의 성취(폭력의 행사를 통한 지배욕의 충족)라는 긍정적 강화와 위협의 제거(죄책감의 부재와 반격의 감소)라는 부정적 강화를 통해 자신의 폭력적 행동을 더욱더 강화시켜 나간다고 볼 수 있다(이훈구, 2000).

이훈구와 이병두(2001)의 연구에 따르면, 왕따 가해자들은 피해자 및 일반 학생집단보다 자존감이 가장 높았고, 문제해결력은 일반집단 다음으로 높았으며, 분노정서는 피해집단 다음으로 높았다. 가해자들의 성격특성은 공감능력과 타인에 대한 배려가 낮았고, 타인을 지배하려는 경향과 충동성도 높은 것으로 나타났다. 더불어 신체적으로 더 강한 것으로 나타났다. 가해자집단은 종종 서로를 지지해 주고 좋아해 주는 것처럼 보이는 2~3명의 또래들로 이루어진 작은 집단으로, 가해자들은 피해자들보다 더 많은 사회적 지지를 받고 있다고 생각하며 긍정적인 자기개념을 지니고 있다. 아울러 운동 능력 외의 자신감을 갖고 있었다(이춘재, 곽금주, 2000). 그러나 학년이 높아질수록 가해자들의 인기는 감소하고 16세 정도가 되면 인기도는 평균보다 매우 낮아진다(Hoover & Hazler, 1991).

(3) 가해자의 후유증

Olweus(1995)의 종단적 연구에 따르면, 가해학생들의 문제도 심각하였다. 초등학교 6학년~중학교 3학년의 가해학생들 중 60%가 24세가 될 때까지 전과 1범이 되었으며, 이런 범법 비율은 일반 학생집단의 4배에 해당하는 것이었다.

나이가 들었을 때 가해학생들은 자신들의 지난 행동에 대해 죄책감을 가질 수 있으며, 자신이 부적절하고 무엇인가 잘못되었다는 불안감을 가지기도 한다. 장기적으로 이런 기분에 노출되었을 때는 우울증으로 발전할 수도 있다. 또래들과 정상적으로 관계를 가지지 못하였기 때문에 대인관계 능력이 취약할 수 있어서 결국 성인이 되었을 때 적절한 대인관계가 필요한 상황에서 장애를 겪을 가능성이 높다.

(4) 가해자가 되는 원인

따돌림 가해 청소년들이 가해 행동을 하는 이유는 무엇일까?

김원중(2004)은 집단 따돌림 혹은 학교폭력을 주도하거나 동조하는 청소년의 마음속 깊은 곳에는 '공격성'이 자리 잡고 있다고 보았다. 특히 이런 공격성이 많은 이유가 우리 청소년들의 내면에 많은 '좌절감'이 쌓여 있고, 외부로부터 신체적 혹은 심리적으로 자주 공격이나 모욕을 받고 있기 때문일 것이라고 추론하였다. 이런 좌절감은 청소년들에게 학업 지상주의의 현실, 학교나 가정에서 경험하는 폭력의 경험이 그 근원적 역할이 될 수 있다.

따돌림이나 학교폭력에는 요즘 아이들에게 놓여 있는 과도한 경쟁문화뿐만 아니라 가정의 양육환경 등이 영향을 미친다는 논의가 있다(예: 강진령, 유형균, 2002; 김대유, 김현수, 2006; Olweus, 1995). 가해학생들의 인생 초기에 부모의 정서적 환경이 열악한 경우가 많다는 것이다. 아이의 성장과정에서 아이의 요구나 행동에 대한 허용이나 훈육이 부재하였던 것도 중요한 이유가 된다. 부모의 교육이 지나치게 엄격하거나 처벌 지향적이고 가정 내 폭력 경험이 많은 경우도 자녀가 가해 행동을 할 가능성이 높다. 실제 임상 현장에서 가해학생의 가정을 관찰해 보면 훈육이 전무하거나 일관성이 없는 가정, 자녀에 대한 처벌이 냉혹해서 심한 구타나 언어적 모욕을 주는 가정이 많았다. 자녀들에게 내적으로 채워 주지 못한 존중 욕구는 타인을 모욕하고 상처를 줌으로써 대리 우월감을 갖게 하는 것이다.

2

따돌림 대처하기:
교사와 상담자를 위한 지침

  따돌림 문제의 효과적인 해결을 위해서는 초기 대응, 지속적인 관심 및 전문적 개입이 필수적이다. 이런 점에서 담임교사, 전문상담교사, 상담전문가가 적절한 역할을 해 주는 것이 필요하다. 제2장에서는 따돌림 해결을 위해 학교 현장의 담임교사, 전문상담교사와 상담전문가들의 역할을 논의하고자 한다.

  우선, 이들 세 분야의 전문가들이 담당해야 할 역할의 핵심요소는 무엇인지 밝히고 이런 요소들의 공통점과 차이점을 제시하고자 한다.

〈표 1〉 담임교사, 전문상담교사 및 상담전문가의 역할

역할구분 대상	담임교사	전문상담교사	상담전문가
피해학생	• 피해 사실 확인 및 신체적, 정신적 피해 정도를 가늠하기 위한 면담 실시 • 피해학생의 요구 파악	• 피해학생에 대한 정서적 지지 • 심리상태 파악 및 불안, 우울, 정서적 충격에 대한 심리상담	• 피해학생에 대한 정서적 지지 • 심리상태 파악 및 불안, 우울, 정서적 충격에 대한 심리상담

가해학생	• 가해 사실 확인 • 재발 행동 가능성 타진 • 자신의 행동에 대한 반성 여부 파악 • 징계체계 및 절차 교육	• 가해학생의 성격특성 파악, 가해 행동의 다양한 요인 탐색 및 심리상담 • 피해자와 가해자 간 중재	• 가해학생의 성격특성 파악 • 가해 행동의 다양한 요인 탐색 및 심리상담
신고학생 (목격자)	• 목격 사실 구체적으로 확인하기 위한 면담 • 피해학생 및 가해학생의 신분 확인 • 신고자의 신분 비밀 보장 약속 • 목격 사실 재발 시 다시 신고하도록 격려	• 목격 사실 구체적으로 확인하기 위한 면담 • 피해학생 및 가해학생의 신분 확인 • 신고자의 신분 비밀 보장 약속	• 따돌림 상황 구체적으로 파악하기 • 상담의뢰 동기 파악하기
책임교사 (학생부장 등)	• 상황이 단순하거나 경미하지 않아 담임교사의 역량을 벗어나는 경우 사건에 대한 논의	• 피해학생과 가해학생 간, 피해 학부모와 가해 학부모 간 중재가 필요한 경우 사건에 대한 논의	• 의뢰자와 좋은 협력 관계 맺기
교장 (자치위원회 위원장)	• 신고학생, 피해학생, 가해학생 등과의 면담 자료를 토대로 보고서(incident report) 작성 • 조정위원회에서 사고 경위 보고 및 의견 개진	• 신고학생, 피해학생, 가해학생 등과의 면담 자료를 토대로 보고서(incident report) 작성 • 조정위원회에서 사고 경위 보고 및 의견 개진	
피해학생 부모	• 자녀의 피해 사실 및 정도를 알림 • 피해 사실에 따른 자녀의 현재 심리적 상태 설명 • 피해학생의 부모로서의 요구 파악 • 학교 내 관련규정 및 문제해결 절차에 대한 설명 • 자녀에 대한 지지 독려 및 기타 협조사항 협의 • 외부 상담 및 치료 기관을 원할 시 정보 제공 • 피해학생 부모와 가해학생 부모 간 중재	• 자녀의 피해 사실 및 정도를 알림 • 피해 사실에 따른 자녀의 현재 심리적 상태 설명 • 피해학생의 부모로서의 요구 파악 • 학교 내 관련규정 및 문제해결 절차에 대한 설명 • 자녀에 대한 지지 독려 및 기타 협조사항 협의 • 외부 상담 및 치료 기관을 원할 시 정보 제공 • 피해학생 부모와 가해학생 부모 간 중재	• 피해 사실에 따른 자녀의 현재 심리적 상태 설명 • 피해학생의 부모로서의 요구 파악 • 자녀에 대한 지지 독려 및 기타 협조사항 협의 • 부모교육 및 상담

가해학생 부모	• 자녀의 가해 사실을 알림 • 학교 내 관련규정 및 문제해결 절차(처벌 및 징계 규정)에 대한 설명 • 재발 방지를 위한 부모로서의 노력 독려 및 기타 협조사항 협의 • 외부 상담 및 치료 기관을 원할 시 정보 제공 • 피해학생 부모와 가해학생 부모 간 중재	• 자녀의 가해 사실을 알림 • 학교 내 관련규정 및 문제해결 절차(처벌 및 징계 규정)에 대한 설명 • 재발 방지를 위한 부모로서의 노력 독려 및 기타 협조사항 협의 • 외부 상담 및 치료 기관을 원할 시 정보 제공 • 피해학생 부모와 가해학생 부모 간 중재	• 재발 방지를 위한 부모로서의 노력 독려 및 기타 협조사항 협의 • 부모교육 및 상담
외부 상담기관	• 교내 학교 상담자가 없을 경우, 필요시 외부 상담 및 치료 기관에 가해자 혹은 피해자를 의뢰 • 면담 자료 및 소견서 전달 • 학교 내 관련규정이 있을 경우(예: 상담명령제도) 이에 준하여 외부 기관에 의뢰	• 외부 상담 및 치료 기관에 가해자 혹은 피해자를 의뢰 • 면담 자료 및 소견서 전달	• 사례 자문 및 의뢰

1. 담임교사의 역할

따돌림은 학생들 사이에는 알려져 있어도 은밀히 이루어지기 때문에 교사들이 인지하기 어렵다. 교사들이 자신의 학급에서 따돌림 발생률을 낮게 보는 것도 무리가 아니다. 담임교사는 눈에 두드러지는 따돌림 문제가 없다고 안심할 것이 아니라, 항상 자신의 학급에서 따돌림이 발생하는지 눈여겨 관찰하고 수시로 점검할 필요가 있다. 따돌림은 학급 단위로 이루어지는 특징이 있기 때문에 담임이 학급을 어떻게 관리하고 어떤 노력을 하느냐가 예방이나 문제해결에 직접적인 도움이 된다. 다음은 담임교사가 따돌림의 발견에서 해결에 이르기까지 어떤 점에 초점을 두고 어떤 방법으로 문제를 해결할 수 있는지 그 역할과 유의할 내용을 다룬 것이다.

1) 피해학생 식별하기

일차적으로 따돌림 피해학생이 학급 내에 있는지 수시로 관찰한다. 앞서 언급하였듯이 따돌림은 은밀히 일어나기 때문에 교사가 면밀히 탐색하지 않는 이상 발견하기 어렵다. 교사가 따돌림을 아는 방법은 대체로 다음과 같다.

(1) 따돌림 피해학생의 호소

따돌림 피해학생이 직접 호소할 수 있다. 교사에게 알릴 정도의 학생이라면 그동안 매우 심한 따돌림으로 시달렸을 가능성이 크다.

따돌림 피해학생들은 자신에게 일어나는 일을 부모나 교사에게 알린 것이 밝혀지면 '고자질'을 했다고 더 심한 따돌림을 당할 것이라는 공포를 가지고 있다. 그럼에도 불구하고 피해학생이 교사에게 자신의 상황을 알렸다면 교사는 제일 먼저 학생이 그동안 당했을 심리적 고통과 현재 처한 어려운 입장을 공감해야 한다. 그리고 피해학생을 안심시켜서 하고 싶은 말을 충분히 할 수 있는 분위기를 조성한다. 주위의 친구들이나 어른들이 자신을 보호해 주지 않았다는 사실에 대해 분노와

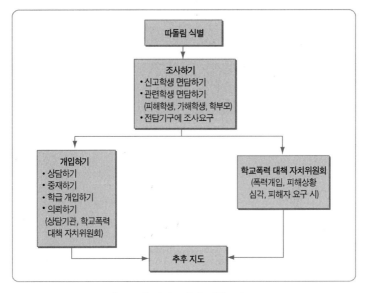

[그림 1] 담임교사의 역할 흐름도

불신감을 표현할 수도 있으므로 이 점도 사전에 알고 있어야 한다. 섣불리 얘기하였다가 "네가 뭘 잘못한 것 아니야?"라는 질책을 들을까 염려하는 피해의식도 감안한다. 담임교사가 피해학생의 말을 공감적으로 경청하면 피해학생은 점차 자신이 겪었던 많은 얘기들을 꺼내 놓는다. 이 과정에서 피해학생에게 따돌림과 관련한 일기장, 동영상, 메신저 내용, 목격자 등과 같은 증거물이나 증인이 있는지 확인한다.

(2) 제삼자의 목격자

따돌림 피해학생의 친구인 제삼자가 교사에게 따돌림 사실을 알리기도 한다. 제삼자인 학생은 반장이거나 학급도우미, 피해학생의 친구일 가능성이 있다. 학생들은 일반적으로 피해 사실을 교사에게 알리는 행위는 '고자질'이라고 생각하기 때문에 처음부터 관련 사실을 속 시원하게 제시하지 못하고 주저한다. 따라서 담임교사는 정보를 제공하는 학생에게 솔직하게 말해 줄 것을 격려하고 비밀 유지에 대한 약속을 한다. 목격자가 진술을 시작할 경우는 따돌림 관련 정보를 육하원칙에 의거하여 자세하게 말하도록 격려한다. 진술을 듣되 신고학생이 관찰한 내용, 기록이나 동영상 자료가 있는지 확인하여 정확한 정보 수집이 되도록 한다.

(3) 따돌림 피해학생 부모의 진술

피해학생 부모가 따돌림에 대한 문제를 제기할 수 있다. 담임교사는 자신의 학급에서 일어난 사실을 사전에 모른 채 학부모를 만나게 되면 당황하게 된다. 동시에 자신의 학급에서 불미스러운 일이 일어났다는 것 때문에 교사로서 학급 지도력에 문제가 있는 것은 아닌지 자책감이 들기도 한다.

내적으로 여러 가지 심정이 교차하겠지만 담임교사는 일단 학부모가 제기하는 문제를 성의 있게 경청해야 한다. 그리고 사실을 파악한 후에 적절한 후속 조치를 취할 것을 학부모에게 알리고 기다려 줄 것을 부탁한다. 이 과정에서 학부모들은 교사에게 다양한 방식으로 항의를 할 수 있다. 담임교사의 역할을 제대로 하지 못했다고 화를 내고 따지는 학부모가 있는가 하면, 울먹거리며 억울함을 중심으로 호소하는 학부모, 문제가 원만히 해결되어 자녀가 안심하고 학교만 다니게 해 달라는 부모 등 여러 형태의 학부모 반응을 접하게 된다. 부모로서 당연한 반응일 수 있다는 마음으로 학부모를 대하면 당황스러움이 조금은 줄어들면서 학부모의 말을 경청할 수 있다. 학부모의 항의에 당황하거나 압도당하지 말고 사태 파악을 철저히 해서 사건을 조기에 해결하고자 하는 의지를 전달하면 대부분의 학부모는 교사의 조치를 기다리겠다는 태도를 보인다.

(4) 교사의 목격

교사가 직접 따돌림을 알아차릴 수 있다. 교사는 학급을 운영하면서 학급에서 일어날 수 있는 여러 가지 일을 염두에 두고 수시로 교우도 조사를 실시하고, 학급반장이나 별도로 정한 학급도우미를 활용하여 학급에서 따돌림이나 폭력이 발생하는지 조사해야 한다. 이 과정에서 친구관계가 거의 없어 외톨이로 생활하거나, 친구들로부터 인기가 없어 학급 활동에서 가장 늦게 지목되는 학생을 발견할 수 있다. 쉬는 시간이나 점심시간 같은 때 학급을 수시로 관찰하면 아이들 사이에서 배제되는 학생을 발견할 수도 있다.

(5) 식별과정에서 유의할 점

따돌림이 학급에서 일어나고 있다는 상황이 인지되면, 교사는 여러 가지 만감이 교차한다. 학급을 잘 관리하지 못한 것에 대한 자책감과 더불어 일을 어떻게 처리할지 혼란스러워진다. '꼭 가해학생들만의 문제는 아니지 않을까? 피해자도 원인 제공을 하지 않았을까?' 등의 생각도 머리를 스친다. 특히 학부모가 문제를 먼저 제기해 왔을 때는 학부모에게 휘둘리고 있다는 느낌이 들기도 한다. 하지만 어떤 경우라도 교사는 자신이 학급을 책임지고 있다는 사실을 잊지 않아야 한다. 문제를 해결하기 위해 최선을 다하는 마음과 객관적인 자세를 가질 수 있다는 소신만 있다면 사태를 원만히 해결해 나갈 수 있다.

유의할 점은 담임교사가 따돌림 상황을 인지하였다고 해서 준비 없이 서둘러 개입하지 않도록 해야 한다는 것이다. 느낌만 가지고 관련 학생들을 불러 야단을 치면 사태를 더욱 악화시킬 수 있다. 선생님에게 고자질하였다는 이유로 피해학생이 더 심하게 따돌림을 당할 수 있으며, 심지어 따돌림이 학급에 공인됨으로써 '전따'(전교생이 따돌린다는 학생들의 은어)가 되기도 한다. 따라서 교사는 따돌림 상황을 인지하면 가장 먼저 사실 여부를 잘 확인하고 대처해야 한다. 그러기 위해서는 관련자들의 말을 잘 경청하고 확인하는 게 지름길이다.

이를 위해서 우선 피해학생, 가해학생, 따돌림 문제를 알고 있는 학급도우미나 반장 등 객관적인 정보를 제공할 수 있는 학생들과 개별적으로 면담을 시도한다. 이들로부터 따돌림 발생 여부, 따돌림이 일어나는 양상, 개입된 학생 수 등을 파악하여 사건의 전모를 그려 본다. 이와 같은 일련의 과정을 진행하면서 교사는 늘 객관적인 자세를 견지한다. 단, 피해학생을 가장 먼저 고려하는 것을 잊지 말아야 한다. 모든 과정은 녹음 등의 철저한 기록을 남겨 이후에 발생할 수 있는 여러 가지 상황에 대처하는 데 도움이 되도록 한다. 또한 따돌림과 관련된 정황과 물증 등에 대해서도 자료 수집을 한다.

다음은 교사가 활용할 수 있는 따돌림 문제를 기록할 수 있는 양식과 따돌림 피해자의 관찰 행동 목록이다.

〈표 2〉 따돌림 문제 조사 양식 예

면담일	년 월 일	면담장소	
사건 발생일			
사건 발생장소			
피해학생	이름		연락처	
	주소			
가해학생	이름		연락처	
	주소			
사건 개요	• 사건 경위 • 피해학생 대처 • 피해학생 현재 상황 • 피해학생의 호소 문제 및 요구 사항 • 가해학생 명단			
신고학생				
면담자	(인)			

〈표 3〉 피해학생 자가 따돌림 체크리스트

※ 다음의 질문이 자신에게 해당할 때는 '예', 해당하지 않을 때는 '아니요'로 응답하세요.		
지난 1달 동안 나는		
항 목	예	아니요
1. 반복적으로 별명이 불린 적이 있다.		
2. 조롱이나 위협, 혹은 협박을 당한 적이 있다.		
3. 친구들이 나에게 말을 걸지 않는다.		
4. 친구들이 내 행동에 대해 웃음거리를 삼은 적이 자주 있다.		
5. 쉬는 시간에 머리를 맞거나 몸 밀치기를 자주 당한다.		
6. 체육복이나 교복 뒤에 낙서를 당한 적이 있다.		
7. 친구들이 내 행동을 흉내 내거나 어떤 행동을 흉내 내도록 위협한 적이 있다.		
8. 친구들이 따돌림을 가하면 이에 대해 항의하거나 잘 대처하지 못한다.		
9. 책, 공책, 실내화 등을 자주 잃어버린다.		
10. 멍이 들거나 상처가 나고 또는 옷이 찢기는 경험을 한 적이 종종 있다.		
11. 쉬는 시간과 점심시간에 외톨이로 있고, 교실에 친한 친구가 한 명도 없다.		
12. 팀으로 하는 협동수업이나 게임을 할 때 친구들은 나를 맨 마지막으로 끼워 준다.		
13. 수업시간에 거의 발표를 못하겠고 불안하다.		
14. 자주 우울하고 눈물이 난다.		
15. 학교성적이 최근에 많이 떨어지고 있다.		

교사의 따돌림 피해학생 관찰 목록

• 따돌림 유형 파악
  - 욕을 한다.
  - 의도적으로 소외시킨다.
  - 놀린다(별명 부르기, 면박 주기, 핀잔주기).
  - 물건이나 신체를 건드린다.
  - 시비를 걸거나 위협한다.
  - 심한 장난, 때리는 등의 폭력을 가한다.
• 따돌림 빈도 파악
  - 매일
  - 2~3일에 한 번
  - 1주일에 1~2회
  - 한 달에 1~2회
• 따돌림 원인 및 이유 파악
• 가해학생 특징 및 인원 파악
• 따돌림 상황에 대한 피해 정도 파악
  폭력 수준, 피해자의 정서상태 및 호소 내용

2) 조사하기

(1) 신고학생 면담하기

'따돌림 식별하기'에서 언급한 것처럼 신고학생이 누구냐에 따라 면담을 다르게 진행한다. 다음은 따돌림을 식별하고 신고학생에 따라 어떻게 대처할 것인지에 대한 내용이다.

신고학생 면담 방법

• **목 적**

　따돌림이 인지된 후 관련자들에 대한 면담을 통해 따돌림 상황을 구체적으로 파악하기

• **면담방법**

－신고학생을 존중하고 편안하게 해 주어 솔직하고 구체적으로 따돌림 상황을 얘기할 수 있도록 한다.

－따돌림 가해학생을 신고한다는 심적 부담을 느낄 수 있으므로 비밀 보장을 약속하고, 방관하거나 묵인하지 않고 교사에게 의논해 온 점 등을 격려해 주어야 한다.

－제삼자의 객관적인 시각을 통해 따돌림 상황을 정확하게 파악한다.

－따돌림이 비도덕적이고 폭력적인 행위임을 인식시킨다.

－신고학생의 개인적 자질 및 자원에 따라 앞으로 따돌림 피해자를 지원하는 방법 등을 협의한다.

• **핵심 질문 및 반응**

－이런 말을 할 수 있기까지 매우 힘들었을 텐데 용기를 내 준 ○○가 대견스럽구나. 그리고 선생님이 먼저 알아주지 못해 미안하구나.

> ─친구들 사이에서 일어난 일을 선생님에게 말하는 것이 쉽
> 지 않을 거야. 하지만 네가 이렇게 말해 주는 것은 고자질
> 이 아니고 힘든 친구를 가장 쉽게 도와줄 수 있는 일이라
> 는 것을 말해 주고 싶구나.

(2) 관련자 면담하기

신고학생이 누구이건, 교사가 학급에서 따돌림이 일어나고 있다는 징후를 인지하였다면 앞 절에서 언급한 것처럼 어떤 양상으로 일이 전개되고 있는지 살펴보는 게 중요하다. 실제로 따돌림이 일어나고 있는 사실이 확인되면 다음으로 직접 관계된 사람들을 불러 관련 상황을 보다 자세히 탐색한다. 다음은 따돌림 관련자들을 대상으로 한 면담 방법에 대한 안내다.

① 피해학생 면담하기

가장 먼저 면담이 이루어져야 할 대상은 바로 피해학생이다. 하지만 피해학생은 자신을 보호해 주지 않은 교사에 대한 분노로 마음의 문을 쉽게 열지 않을 수 있다. 또 자신이 한 말이 발설이 되어 고자질을 했다는 이유로 친구들 사이에서 더심한 따돌림을 받을 것을 우려하여 상황을 솔직하게 털어놓지 않을 수 있다. 혹은 자신이 따돌림을 받는다는 사실에 대해 모욕감을 느껴 교사에게 방어적인 태도를 보일 수도 있다. 그러나 어떤 경우이든 교사는 우선 자신을 원망하는 피해학생의

마음을 이해한다는 표현을 전달한다. 그리고 자신이 정확하게 상황을 파악해야 학생을 도울 수 있으며, 피해학생 입장에서 문제를 풀어 가겠다는 약속을 한다. 학생이 고자질과 관련한 염려를 한다면 차후 따돌림 문제를 반드시 해결할 것이라는 믿음을 준다. 또한 따돌림받는 상황은 피해자의 잘못이 아니며, 수치스러운 일도 아님을 따뜻하게 알려 준다.

만약 피해학생의 정신적 고통이 심해서 상담소나 병원에서 치료를 받아야 할 정도이면 일차적으로 학교 내 혹은 순회전 문상담교사에게 의뢰하여 도움을 받는다. 상담교사의 지원이 여의치 않으면 지역사회 청소년 상담기관과 연계해서 도움을 받도록 조치한다. 피해학생이 학교에 오는 것을 두려워하고 있다면 결석이나 대체 교육에 대한 조치도 취한다. 다음은 교사가 피해학생과 면담을 진행할 때 알아야 할 과제와 대화 과정에 대한 예다.

피해학생 면담 방법

• 목 적

　따돌림 피해학생의 정확한 피해 사실, 욕구, 어려움 등을 파악한다.

• 면담 방법

　− 피해학생에게 관심을 가지고 도움을 주려는 마음을 전달

하여 따돌림 상황을 솔직하게 이야기할 수 있도록 한다.
- 따돌림 문제가 해결될 수 있도록 최선을 다해 도와줄 것임을 알려 준다.
- 피해학생의 분노, 피해의식 등의 감정을 충분히 공감해 준다.
- 피해학생이 가장 도움을 받고 싶어 하는 것이 무엇인지 파악한다.
- 피해학생이 그동안 당했던 가해 행동에 대해 직접 쓰거나 말한 것을 기록하여 보관한다. 이때 언어적, 신체적 폭력 수준이 어느 정도인지 정확하게 파악한다(따돌림 체크리스트 참조).

• 핵심 질문 및 반응
 [따돌림 상황 파악]
 - 친구들이 너를 괴롭힌다고 하는 게 사실이니?
 - 누가 너를 괴롭히니?
 - 너를 괴롭히는 아이들이 몇 명이나 되니?
 - 최근에 반에서 지내는 데 어떤 힘든 일들이 있었니?
 - 아이들이 어떻게 괴롭히니?
 - 아이들이 괴롭히면 너는 어떻게 반응하니?
 - 언제부터 아이들이 괴롭히기 시작했니?
 - 주로 어떤 상황에서 그러지?
 - 어디 다친 곳은 없니?
 [호소 문제 파악]
 - 네가 가장 힘든 게 무엇이지?

－가장 도움받고 싶은 게 뭐니?

－어떻게 하면 네가 마음이 편해지겠니?

[힘든 마음 공감]

－많이 힘들었겠구나.

－얼마나 힘들었겠니.

－얘기하기가 쉽지 않았을 텐데 선생님에게 말해 줘서 고
맙다.

[안정감 제공]

－선생님이 더 관심을 가지고 지켜볼게.

－어려운 일이 생기면 언제든지 먼저 상의해 주렴.

－앞으로 선생님이 도와줄게. 함께 해결해 나가자.

－무슨 일이 생기면 선생님에게 말해 주길 바란다.

[문제해결 과정 설명]

－너를 괴롭히는 아이들을 만나서 앞으로 그런 일이 없도록
해야지.

－○○의 마음을 풀어 주고, 아이들과 어떻게 지내면 좋은
지를 잘 알려 줄 수 있는 전문상담을 받는 것도 필요할
것 같아.

－부모님의 도움도 필요하단다. 너의 어려움을 더 잘 이해하
고 도와주실 수 있도록 말씀드릴게.

따돌림 피해학생과의 면담 예

교사: ○○는 요즘 반에서 생활하는 게 어떠니?

○○야, 요즘 반에서 친구들과 지내는 데 힘든 일이 있니? 네가 친구들로부터 어려움을 겪고 있다는 말이 들리던데…….

학생: (침묵 혹은 주저주저하면서) 조금요.

교사: 그랬구나. 조금 더 자세히 말해 줄 수 있겠니?

학생: 말씀드리기가…….

교사: 음……. 네가 힘든 일이 있나 보구나. 선생님이 그동안은 잘 모르고 있었어. 혼자서 많이 힘들었을 것 같은데 내가 상황을 잘 알아야 ○○를 도와줄 수 있거든?

가장 최근에 있었던 일을 말해 줄래?

학생: 네……. (작은 목소리로) 애들이 자꾸 놀리고 툭툭 쳐요.

교사: 조금만 더 자세히 말해 줄래? 뭐라고 놀리고 어떻게 툭툭 치는지?

학생: 왕따, 수면제, 바보, 막 이러면서 머리도 때리고 제 물건도 던져 버려요.

교사: 저런! 그런 일이 있었구나……. 언제부터 그리고 얼마나 자주 그랬니?

학생: 학기 초부터요. 그리고 거의 매일 쉬는 시간, 점심시간에.

교사: 많이 힘들었겠다. 그런 아이들이 몇 명, 그리고 누구누구니?

학생: 심하게 그러는 애는 네다섯 명……. 걔네가 그러면 다른 애들도 웃으면서 놀려요. 그런데 누군지 말하면 일이 더

커질 것 같아요. 걔네들이 고자질하면 가만 안 둔다고 했어요. 그래서 아무에게도 말 못했어요.

교사: 고얀 녀석들……. 그런 일일수록 선생님과 상의를 해야 돼. 앞으로 그런 일이 없도록 선생님이 최선을 다해서 도와줄 거야. 제일 심하게 너를 괴롭히는 아이들이 누구니? 그 아이들도 선생님이 꼭 만나야 되거든. 자신들이 얼마나 나쁜 행동을 했는지 알아야지. 그래야 더 이상 너를 괴롭히지 않을 거야.

학생: A, B, C, D들이요. 그런데 정말 잘 해결이 될까요?

교사: ○○가 잘 해결이 안 될까 봐 걱정이 되는구나. 선생님이 먼저 A, B, C, D를 만날 거고 다른 아이들을 만나 이야기를 들어 보고 잘못한 행동에 대해서는 분명히 이야기를 하고 벌을 줄 수도 있고, 또 그 아이들의 부모님까지도 만날 수도 있어. 그래서 다시는 이런 일이 일어나지 않도록 할 거야. 그리고 ○○가 나에게 이런 일을 말했다고 더 괴롭히거나 따돌리는 일이 없도록 분명히 할 것이고.

학생: 네. 좀 안심이 되긴 하는데요. 제가 학교만 오면 마음이 쪼그라들어요. 겁이 나고요.

교사: 그렇지! 그런 일을 당한다면 누구나 그럴 거야. 앞으로 선생님이 더 관심을 가지고 지켜볼게. 어려운 일이 생기면 언제든지 먼저 상의해 주렴. 그리고 앞으로 이런 일이 생기지 않으려면 ○○의 노력도 필요하거든.

학생: 어떻게 해야 할지 모르겠어요. 애들이 저를 얕잡아 보는 것 같아요. 학교 오는 게 힘들었어요.

교사: 그렇구나. ○○의 마음을 풀어 주고, 아이들과 어떻게 지

내면 좋은지를 잘 알려 줄 수 있는 상담을 받는 것도 필
요할 것 같아. 그것도 선생님이 알아봐 줄게.

학생: 고맙습니다.

교사: 그리고 한 가지 더 궁금한 것은 부모님이 이런 상황을 알
고 계시니?

학생: 부모님은 잘 모르세요. 아시면 더 걱정하실까 봐…….

교사: (부모의 도움이 필요하다는 판단이 들 경우) 이럴 때는
부모님의 도움도 필요하단다. 네 어려움을 더 잘 이해하
고 도와주실 수 있도록 말씀드릴게. 그리고 부모님도 필
요하다면 함께 상담을 받을 수도 있고.

학생: 네.

② 가해학생 면담하기

가해학생들은 자신의 행동에 대한 의미를 모르는 경우가 많
아 장난으로 한 행동이지 피해학생을 괴롭힌 것이 아니라고
발뺌한다. 피해학생에게 문제가 있는 것이라며 억지 주장을
펴기도 한다. 교사가 따돌림 상황을 추궁하면 변명으로 일관
하거나 심지어 교사가 사실을 알게 되었다는 것에 대해서만
흥분하여 피해학생에게 더 심한 분노의 감정을 갖기도 한다.

교사는 가해학생들이 마음을 쉽게 열지 않는다는 사실을 담
담히 수용해야 한다. 또한 가해학생들이 어른들에게 불손한
태도로 대할 수 있다는 사실도 알고 있어야 한다. 그렇게 할 때
감정에 휘둘리지 않고 가해학생들을 차분하게 대할 수 있다.

교사가 가해학생들의 특성에 대해 잘 모를 때는 학생 특유의 불손한 태도에 먼저 분노하여 아이를 야단치거나 추궁하게 된다. 결국 교사와 가해학생과의 사이만 더 나빠져 사건에 대한 사실 확인에도 어려움을 겪게 된다.

따돌림은 대체적으로 여러 명의 학생들이 관여된다. 교사는 우선 가해학생들이 누구인지 전체적으로 파악한 다음에 한 명씩 개별적으로 불러 면담을 한다. 처음부터 가해학생들을 단체로 불러놓고 야단을 치거나 윽박지르지 않도록 유의한다. 그렇게 하면 사실 확인도 어렵고, 문제도 해결되지 않아 피해학생만 더 큰 고초를 겪을 수 있다. 개별적으로 가해학생들을 불러서 조사하면 상황에 대한 전반적인 그림을 그릴 수 있고, 그 이후에 가해학생들에게 필요한 조치가 무엇인지 충분히 준비할 수 있다.

다음은 개별적으로 가해학생들을 만날 때 교사가 취할 수 있는 방법과 면담의 예다.

가해학생 면담 방법

• 목 적

따돌림 상황을 정확하게 파악하고 따돌림 가해 행동을 막는다.

- 면담 방법
  - 처음부터 야단을 치거나 심하게 추궁하지 말고 가해학생의 입장에서 따돌림 상황을 설명하도록 기회를 준다.
  - 어떤 가해 행동을 했는지 구체적으로 물어본다.
  - 자신들의 행동이 피해학생들에게 어떤 영향을 주었을지를 예상해 보도록 한다.
  - 잘못된 행동에 대해 분명히 이야기하고 개선되도록 한다.
  - 후속 조치(학부모 면담), 보상, 처벌 부분을 알려 준다.

- 핵심 질문 및 반응
  [따돌림 상황 파악]
  - 네가 몇몇 친구들과 ○○를 괴롭히고 있다는 말을 들었다.
  - ○○가 괴롭힘을 당하고 있다던데 너는 아니?
  - 친구들이 ○○를 따돌리고, 너는 ○○에게 심한 장난을 한다던데…….
  - 네가 ○○를 놀리고 머리를 때리는 것을 선생님이 봤는데, 무슨 일이니?
  - 네가 중심이 되어서 ○○를 따돌리고 골탕을 먹이고 있다고 한다던데……. 무슨 일인지 얘기를 듣고 싶구나.
  - ○○가 친구들이 따돌려서 학교에 오기 싫다는구나. 네가 관련되어 있다는 말이 들리던데…….
  [문제해결과정]
  - 네가 솔직하게 얘기를 하고 이후로 ○○를 괴롭히는 행동을 안 한다면 이번 일은 여기서 마무리하겠다. 하지만 솔직하지 않고 또 같은 일이 발견되면 학칙에 따라 징계를 내릴 수밖에 없구나!

- 사안이 중대하여 선생님만 알고 넘어갈 수 없구나. 부모님께 알리고 필요한 조치를 취하겠다.
- ○○가 원하는 것은 다만 학교에 편안하게 다녔으면 좋겠다는구나. 지금까지 너의 행동에 대해 ○○에게 사과할수 있겠니? 물론 그 다음에 다시는 ○○를 괴롭히지 말아야겠지. 선생님도 계속 지켜볼 것이고……

따돌림 가해학생과의 면담 예

교사: 요즘 우리 반에서 ○○가 괴롭힘을 받는다는 말을 들었는데 네가 보기엔 어때?

학생: 글쎄요. ○○가 워낙 빌빌거려서 좀 그런 일도 있는 것같아요.

교사: 그런 일이 어떤 일이니?

학생: 조금 건드리거나 좀 놀리거나.

교사: 조금 더 구체적으로 이야기해 볼래? 몇 명이 어떻게 놀리는지, 어떤 식으로 건드리는지.

학생: 그냥 저 말고도 반 애들이 왕따라고 부르거나 그냥 좀 장난으로 슬쩍 건드린 정도예요. 막 때린 적은 없어요. 그리고 하는 행동이 너무 답답하고 웃겨요. 사실 심한 애들은 대놓고 바보라고도 하는데 전 그런 적은 없어요.

교사: 많은 애들이 왕따라고 놀리고 또 몇 명은 생각 없이 건드리면 당하는 그 한 명은 기분이 어떨까? 생각해 본 적 있니?

학생: 저만 그런 것도 아닌데……. 왜 저한테만 그러세요?

교사: 너는 그런 일을 당해 본 적이 있니?

학생: 아니요. 정말 ○○는 따당할 만해요. 그렇게 심하게 한 것도 아닌데. 코피가 난 것도 아니고. 그리고 장난이에요. 다들 그러고 놀아요.

교사: 선생님이 더 알아봐야겠지만, ○○는 너희들의 그런 행동 때문에 학교 다니기도 힘들고 심리적으로도 피해를 받고 있는 걸로 알고 있어. 심한 폭력이 없었더라도 당하는 입장에서 싫어하고 괴로워하는 행동은 해서는 안 되는 거지. 더구나 네 말대로 ○○는 마음이 약한 여린 애 같은데 말이야.

학생: 그건 걔 문제 아닌가요? 저는 특별히 많이 잘못한 것 같지 않아요.

교사: 네가 그렇게 생각을 한다니 선생님 마음은 좀 답답하다. 문제가 있는 친구라면 더 배려가 필요하지. ○○가 힘이 센 아이라면 너희가 그렇게 대할 수 있었을까?

학생: 그건 아니겠죠.

교사: △△는 장난으로 한 행동이라도 ○○에게는 큰 폭력이 될 수 있거든. 그렇다면 큰 잘못이 되고 그 행동에 책임을 져야 하는 거지.

학생: 뭘 잘못했다고 책임을 져요? 다른 애들에게 물어보세요.

교사: 그러려고 한다. ○○를 건드렸던 아이들, 주변에서 놀렸던 아이들, 그리고 ○○도 만날 거야. 그리고 ○○가 힘들어하는 상황이 계속되면 부모님 면담과 학교 차원에서 징계를 내릴 수도 있어.

학생: (겁이 난 표정으로) 전 억울해요.

교사: 지금까지는 아무 생각 없이 ○○를 건드렸다면 앞으론 그러지 않기를 바란다. 선생님은 이런 일이 다시 일어나지 않도록 끝까지 관심을 가지고 보려고 한다. 너를 비롯한 아이들이 달라지기를 기대한다.

③ 학부모 면담하기

교사가 따돌림 상황을 알았다면 자신이 해결할 수준인지, 부모들과 면담을 해야 하는 상황인지 판단을 한다. 부모의 면담이 필요하다는 판단이 들면 교사가 먼저 양쪽 부모들에게 연락을 취한다. 물론 교사가 연락을 하기 전에 피해학생 부모가 먼저 면담을 요청할 수도 있다. 누가 면담을 요청하든지 학급에서 일어난 불미스러운 일인 만큼 학부모와 교사들의 만남은 종종 긴장을 야기한다. 학부모와의 만남은 어려움을 야기하지만, 부모들 사이에서 일방적으로 휘둘리지 않고 사태 해결을 위해 최선을 다하는 모습을 보이는 것이 필요하다. 양측에 대해 공정하게 대하되, 우선 가해학생의 부모들이 피해자에게 진심으로 사과하여 일을 원만히 처리될 수 있도록 안내한다. 사태가 자신이 해결할 수 있는 범위를 넘어섰다는 판단이 서면 상담교사나 관련 전문가에게 자문을 구하거나 의뢰를 한다.

• 피해학생 부모 면담 방법

피해학생 부모는 감정이 매우 격앙되어 있고, 학교나 담임교사에 대해 원망하기 쉽다. 교사는 먼저 피해학생 부모의 분노와 피해의식에 대한 공감을 해 주고 부모가 사태의 해결을 위해 원하는 것이 무엇인지 탐색을 한다. 부모로서 경험하는 복잡한 심정에 대해 충분히 공감하고 해결을 위해 교사로서 노력하겠다는 의지를 보이면 의외로 쉽게 교사에게 협조를 한다. 이때도 피해학생 부모의 요구사항을 담임교사가 수용할 수 있는 것과 그렇지 않은 부분으로 변별해 주는 것이 중요하다. 무엇보다도 교사가 사태를 회피하려고 한다거나 무책임하다는 인상을 주어서는 안 된다. 피해학생 입장에서 최대한 생각하고 원만한 해결을 위해 애쓰는 모습을 보이는 것이 중요하다.

피해학생 부모 면담 방법

• 목 적

　따돌림 피해 상황을 알리고 앞으로 문제해결을 위한 협조를 구한다.

• 면담 방법

　－따돌림 상황을 알고 있는지 확인한다.

　－따돌림 상황에 대한 분노, 피해의식, 불안 등의 감정을 충

분히 공감해 준다.

- 문제해결을 위한 부모의 요구사항이나 대안을 들어보고 효과적인 방법을 모색한다. 이때 부모의 요구가 담임교사가 수용할 수 있는 것과 그렇지 못한 부분이 있다는 것을 분명하고 객관적으로 다루어 학부모에게 일방적으로 휘둘리지 않도록 유의한다.

- 문제해결과정을 대략적으로 설명하고 피해학생 부모로서의 역할과 협조사항을 알려 준다.

• 핵심 질문 및 반응

- ○○가 학교에서 일어나고 있는 일에 대해서 얘기는 하던가요?

- ○○가 힘들어한다는 것을 아시고 얼마나 놀라셨나요.

- 학급에서 일어난 일을 먼저 알지 못해 죄송합니다. 학교까지 오셔서 이런 말씀을 하시는 심정이 어떠실지 짐작이 갑니다. 최선을 다해 문제를 해결하도록 노력하겠습니다.

- 이번 일과 관련해서 부모님이 바라시는 게 있으신가요?

- 이번 일이 알려졌으니 학교에서 알아서 일을 처리할 것입니다. 부모님께서는 저희와 계속 대화를 나누면서 일단 지켜보셨으면 합니다.

- 가해학생 부모들과도 면담을 할 예정입니다. 필요하다면 만나시도록 중재하겠습니다.

피해학생 부모와의 면담 예

교사: ○○가 학교에서 힘들어한다는 걸 알고 계셨나요?

부모: 워낙 잘 말을 안 하는 성격이라 자세한 건 모르고 늘 학교 다녀오면 기운이 없고 학교 가기를 싫어했어요. 이번에 선생님이 오라고 하시기에 왜 그러냐고 물어봤죠. 그랬더니 자기가 왕따라고 하더라고요. (울먹울먹)

교사: 마음이 많이 안 좋으셨죠? 걱정도 되시고요.

부모: ○○가 내성적이고 말이 없는 게 좀 문제지만, 다른 애들에게 피해를 주는 아이는 아니잖아요? 그런데 아이들이 일방적으로 괴롭히는 것 같았어요. (울먹울먹)

교사: 그래서 더 속상하시죠. ○○가 힘들었을 거예요. 이제라도 상황을 알았으니 적극적으로 도와줘야죠. 제가 알았으니 더는 이런 일이 없도록 저도 힘껏 노력하려고요. 학급에서 이런 일이 일어나니 저도 매우 난감하고 죄송할 따름입니다. 부모님도 ○○을 위한 게 무엇인지 같이 고민하고 ○○의 힘이 되어 주십시오.

부모: 그렇게 말씀해 주시니 좀 안심이 되네요. 선생님이 그 나쁜 놈들을 혼내 주시고 우리 ○○를 보호해 주셨으면 하는 마음이에요.

교사: 물론 그렇게 해야겠죠. 그런데 구체적인 방법은 고민이 되네요. 제가 늘 교실에 함께 있지도 못하고 아이들을 통해 이야기를 들어야 하는 상황이라 어려움이 있습니다. 먼저 ○○와 괴롭히는 아이들 몇 명을 만나고 있습니다.

지금까지 판단으로는 괴롭히는 아이들은 별 생각 없이 ○○를 건드리고 놀렸던 것 같더라고요. 자신들의 행동이 ○○에게 어떤 피해가 가는지 잘 모르는 거죠. 그래서 ○○의 입장을 알려 주고 앞으론 절대로 ○○를 괴롭히지 못하도록 혼을 내겠습니다. 그리고 학급의 다른 아이들로 하여금 상황을 주시하도록 하여 저에게 얘기하도록 할 겁니다. 하지만 이 선에서 잘 해결이 안 된다면 괴롭힌 아이들의 부모도 만나고 학교 차원에서 징계를 줄 수도 있습니다.

부모: 괴롭힌 아이들이 ○○의 입장을 잘 이해해 주었으면 좋겠어요. 여러 명이 한 명을 괴롭히면 그걸 견디기가 쉽겠어요?

교사: 그렇죠. 그리고 ○○가 마음이 많이 위축된 것 같더라고요. 그래서 ○○가 상담을 받도록 하는 게 좋을 것 같아요.

부모: 그게 도움이 될까요? ○○가 받으려고 할까요?

교사: 지금 ○○는 아무에게도 말을 못하고 혼자서 힘들어했던 것 같아요. 이제 ○○가 주변의 도움을 받아야지요. 그리고 이런 일들이 앞으로 생기지 않으려면 ○○의 소심하고 자신 없는 성격도 변화가 필요합니다.

부모: 저도 그런 생각은 들어요. 작년에도 이 정도는 아니지만 비슷한 일이 있었던 것 같아요. 그럼 어디서 상담을 받을 수 있나요?

교사: 저희 학교에 상담을 전문으로 하는 선생님이 계세요(혹은 교육청에 전문상담 교사가 계세요. 혹은 전문상담기관을 소개해 드릴게요.) 아마도 부모님의 많은 협조가

필요할 것 같아요.

부모: ○○가 좋아진다면 협조를 해야죠.

교사: 그리고 당장은 부모님의 지지와 위로가 필요할 거예요. ○○에 대해 화도 나고 답답하기도 하시겠지만 힘든 마음에 대해 위로해 주시고 이런 상황에서도 학교에 잘 가는 거에 대해 격려해 주세요.

부모: 그래야겠죠.

교사: 그리고 무엇보다 어려운 일이 있을 때 부모님께 그리고 저에게 의논할 수 있다는 것을 ○○에게 말해 주세요.

부모: 그럴게요. 저도 고민되는 일이 생기면 선생님께 먼저 의논드릴게요.

교사: 혹시 부모님이 이번 일과 관련해서 바라시는 게 있으신 가요?

- 중 략 -

• 가해학생 부모 면담 방법

담임교사는 가해학생들의 부모들과도 면담해야 한다. 대체로 가해학생 부모들은 여러 명인 경우가 많다. 가해학생 부모들은 무조건 잘못했으며 아이의 선처를 바란다는 부모, 피해학생에게도 문제가 있다고 양비론을 펼치는 부모, 보상만 해 주면 되지 않느냐 식으로 나오는 부모 등 매우 다양한 태도를 보인다. 담임교사는 학부모들에게 현재 벌어진 사태를 단호하지만 충분하게 설명한다. 그다음에 따돌림 문제와 관련된 여러 가지 사항을 가감 없이 설명한다. 피해학생이 어떤 고통을 당하고 있는지, 가해 행동에 대한 징계가 학칙에 따라 어떻게 제시될 수 있는지에 대해서도 정보를 제공한다. 특히 가해학생 부모들이 피해학생과 그 부모에게 빠른 시일 내에 진심 어린 사과를 할 때 빠르게 문제가 해결될 수 있다는 점을 알려 준다. 교사가 파악한 따돌림 증거가 있다면 가해학생 부모들에게 제시하는 것도 잊지 않는다.

가해학생 부모 면담 방법

- **목 적**

  따돌림 상황을 알리고 문제해결에 대한 협조를 구한다.

- **면담 방법**

  - 문제 상황을 객관적으로 충분히 설명해 주어야 한다. 특히 피해학생의 고통에 대하여 잘 알려 주고 가능한 피해학생 및 그 부모에게 사과할 수 있는 분위기를 조성하도록 한다.
  - 가해학생들이 어떤 징계나 교육적, 법적 제재를 받을 수 있는지 정확한 정보를 주도록 한다.

- **핵심 질문 및 반응**

  - 이번 사건을 들으시고 많이 놀라셨지요?
  - 아드님이 다른 몇 명과 어울려서 같은 반 친구 ○○를 여

러 번 따돌리고 힘들게 했다고 합니다. 그게 지금 문제가 되어서 피해학생 부모님이 해결을 강력히 요구해 오고 있습니다. 부모님도 아셔야 할 것 같아서 연락을 했습니다.

－△△가 친구를 괴롭히는 일에 관련되었다고 하네요. 알고 보니 한두 번이 아니었습니다. 부모님은 △△의 학교 일에 알고 계셨나요?

－△△가 학교에서 친구들과 어울려서 학생들을 괴롭히고 있네요. 학교에서 알게 되어 그냥 넘어갈 수 없게 되었습니다. 학칙에 따라 필요한 조치를 할 것입니다. 아이가 이후 더는 이런 일에 휘말리지 않도록 부모님께서 적절한 지도를 해 주셔야겠습니다.

－피해학생 부모님께서 △△와 부모님의 진정 어린 사과를 기대하고 계십니다. 피해를 당한 아이와 그 부모님의 마음의 고통이 실로 말을 할 수가 없습니다. 어떻게 하시겠습니까?

－△△가 한두 번도 아니고 여러 번 아이들을 괴롭힌 것이 밝혀졌습니다. 그냥 훈계로만 되지 않을 것 같고, 이번에는 학교에서도 징계가 들어갈 것입니다. 또한 상담도 받아서 앞으로 그런 행동이 지속되지 않도록 해야 할 것 같습니다. 부모님도 아이와 함께 상담을 받으셨으면 하는데요.

가해학생 부모와의 면담 예

교사: 어떤 일로 오시라고 했는지 △△에게 들으셨나요?

부모: 우리 △△가 뭘 잘못했나요? 자기 말로는 어떤 애를 좀 놀렸다고 하던데 상황이 심각한가요?

교사: 구체적인 상황을 말씀드리자면 △△를 포함한 반 아이들 몇 명이 조용한 아이 한 명을 괴롭히고 있습니다. 괴롭히는 아이들은 별 생각 없이 장난으로 놀리고 툭툭 건드리고 그랬던 것 같은데 제가 상황을 자세히 알아보니 거의 매일 네다섯 명이 한 명을 집중적으로 못살게 군거죠. 욕하고 머리 때리고 물건 집어던지고……. 그러니 당하는 입장에서는 궁지에 몰려 학교 오기도 힘들어하는 상태가 되었더라고요.

부모: △△에게서 들었던 말보다는 좀 심각하네요.

교사: 그런데 문제는 △△에게 이런 상황을 이야기하고 그러지 말라고 했지만 자기 잘못을 잘 모르고 있는 것 같아요. 그래서 부모님께도 알리고 협조도 구해야 한다는 생각이 들었어요.

부모: 어떻게 협조를 해야 하나요? △△는 제 말도 잘 듣는 편이 아니라…….

교사: 피해학생은 학기 초부터 계속해서 이런 일을 당해 와서 지금은 전문상담을 받을 상황이 되었고, 제 입장이나 학교 입장에서도 그냥 두고 볼 수는 없는 상황입니다.

부모: 그럼 어떻게 해야 하나요?

교사: △△입장에서 생각해도 큰 문제인 게 상대편이 싫어할 폭력적인 행동을 계속하고 있고 문제의식도 없다는 것입니다. 더구나 교사인 제 말과 부모님의 말도 잘 듣지 않는 형편이라면 △△의 미래가 걱정이 됩니다. 그래서 △△를 포함한 괴롭힌 아이들에게 일차 징계로 전문가의 상담을 받게 할 것입니다.

부모: 필요하다면 그렇게 해야죠.

교사: 그리고 이런 상황이 지속된다면 피해자 입장에선 경찰에 신고를 할 수도 있습니다. 이런 상황을 부모님이 잘 알고 계시고 △△가 변화될 수 있도록 도와주세요. 또 가능하다면 피해자나 그 부모에게 사과를 한다든지 하는 경우도 염두에 두셨으면 좋겠습니다.

부모: 잘 알겠습니다. 여러 가지로 걱정을 끼쳐드려 죄송합니다.

3) 개입하기

(1) 상담하기

담임교사로서 많은 학생들에게 세심한 관심을 가지고 지도하기란 쉬운 일이 아니다. 하지만 따돌림 문제를 다룰 때는 피해학생에 대해 친절하고 따뜻한 상담을 실시해야 한다. 상담 방법이나 기법을 모른다고 상담을 회피하거나 소극적인 역할에 머무르지 않도록 한다. 상담에서 가장 기본이 되는 것은 피해학생의 마음을 읽어 주는 것이다. 담임교사가 사태를 정확하게 파악하고 있고 이를 원만히 해결해 줄 수 있다는 신뢰를 준다면 피해학생과의 면담은 무난히 진행될 수 있다. 물론 학생에 따라서는 교사의 상담이 큰 도움이 되지 않을 수도 있다. 특히 사회기술이 뒤처지는 피해학생을 교사가 상담하는 일은 쉽지 않다. 그런 경우는 학교 내 상담교사나 순회상담교사, 혹은 학교와 연계하고 있는 지역사회 청소년 상담기관을 통해 학생이 전문적인 도움을 받도록 하는 것이 더 도움이 된다.

담임교사로서 가장 중요한 역할은 피해학생에게 깊은 관심을 표현하고 힘이 되어 주는 것이다. 담임교사가 피해학생에게 꾸준한 관심을 보여 준다면 피해학생에 대한 괴롭힘도 자연스럽게 줄어들고 학생도 용기를 갖고 학교생활을 할 수 있을 것이다.

상담은 가해학생들을 대상으로도 진행되어야 한다. 가해학생들에 대한 개인상담이나 집단상담을 수행할 필요가 있다. 하지만 가해학생에 대한 개인상담이나 집단상담은 전문적인 기술과 노력이 요구되어 교사로서 부담이 될 수 있다. 자신이 할 수 있는 부분에는 온 힘을 다하되, 전문적인 상담이 필요한 가해학생들에 대해서는 상담 관련 전문가에게 의뢰한다.

(2) 중재하기

교사는 경우에 따라서 학생들 사이, 그리고 학부모들 사이를 중재할 필요가 있다. 각각의 경우에 어떤 자세로 중재에 임해야 하는지 논의하였다.

① 피해학생과 가해학생 중재하기

중재는 학생들 간, 학부모 간에 이루어질 수 있다. 학생들의 경우, 우선 가해학생들에게 자신들의 행동에 대한 책임을 져야 한다는 인식을 심어 준다. 가해학생이 괴롭히는 행동을 하지 않겠다고 약속했거나 어느 정도 피해학생의 어려움을 이해했다고 생각했을 때 피해학생에게 진심 어린 사과를 하도록 유도한다. 즉, 피해학생이 원하는 것이 무엇인지 파악하여 가해학생에게 전달해 주고, 피해학생에게 사과하는 과정이 이루어지면 문제가 교육적으로 잘 해결될 가능성이 높다. 학생들끼리 직접 얼굴을 맞대고 사과를 할 수 있고 편지를 써서 전달하게 할 수도 있다.

폭력이 수반되거나 따돌림 수법이 잔인하여 피해자의 정신적 충격이나 상처가 매우 큰 중대한 사안일 경우는 가해자의 사과뿐만 아니라 학칙에 의거하여 가해학생들에게 교육적 징계가 내려질 수 있다. 피해학생 측에서 요구하는 징계일 수도 있고, 교사가 판단하여 가하는 교육적 징계일 수도 있다. 교사는 사건에 대한 처리와 징계 등에 대한 사안을 혼자서 판단하기보다는 학교 상담교사나 관련 부서 부장 교사, 그리고 교감, 교장 등과 의논을 한다. 이때 유의해야 할 사항은 일이 철저히 해결되지 않으면 따돌림이 반복될 가능성이 높다는 사실을 아는 것이다. 교사가 피해학생을 보호하는 프로그램이 체계적이지 않거나 가해학생에 대한 교육적 개입이 효과적이지 않을 때는 따돌림이 반복된다.

피해학생과 가해학생의 중재 시기와 면담 예

• 적절한 중재 시기

– 가해학생이 괴롭히는 행동을 하지 않겠다고 약속했거
나 피해학생의 어려움을 어느 정도 이해했다고 생각했
을 때

– 피해학생이 가지고 있는 가해학생에 대한 불안 공포심을
줄여 줄 필요가 있을 때, 피해학생이 가해학생의 사과를
받고 싶을 때

• 사례 예

교사: 다들 용기를 내서 이 자리에 와 줘서 고맙다. 우리가 오
늘 이렇게 모인 것은 그동안 서로 못했던 이야기를 나누
고 오해가 있었다면 풀어서 앞으로 더 잘 지내기 위해서
야. 먼저 ○○는 너희들이 한 행동에 큰 상처를 받았고
힘들어하고 있어. 그렇지만 나름대로 학교도 열심히 나
오고 극복하려고 노력하고 있어. 또 △△ 그리고…….
너희들이 ○○를 괴롭힌 행동이 잘못된 거라는 걸 깨닫
고 달라지려고 노력하고 있다는 걸 알아. 그래서 그런 마
음을 서로 이야기하면 좋을 거 같아. 먼저 △△가 ○○에
게 네 생각을 이야기해 줄래?

△△ : (쑥스러워하며) 그동안 너 괴롭힌 거 미안하다. 난 네가
그렇게 힘든 줄은 몰랐어.

교사: △△가 용기를 내서 말해 줘서 고맙다. 또 다른 친구가
말해 보자.

▽▽: 나도 그래 네가 그렇게 힘든 줄 몰랐어. 장난이 너무 심했던 거 같아.

□□: 앞으로는 안 그럴게. 나도 이 일로 여기저기서 많이 혼났어.

교사: 그래. 앞으로도 노력해 주길 바란다. ○○야, 친구들이 너에게 사과를 했는데 너도 하고 싶은 말이 있을 것 같아. 그동안 얼마나 힘들었는지, 또 친구들에게 부탁하고 싶은 말이 있으면 편하게 해 봐.

○○: (작은 소리로) 그동안 나는 많이 힘들었어. 죽고 싶었던 적도 있었어. (울먹울먹) 너희들이 이렇게 말해 주니 안심이 돼. 이젠 정말 날 건드리지 말아 줘.

교사: 그래. 모두들 잘했다. 더 얘기하고 싶은 건 없니?

□□: 네. 그런데 ○○야, 너도 더 씩씩해졌으면 좋겠어.

교사: 그래. 그것도 좋은 얘기다. ○○야, 잘 알았지?

○○: (끄덕끄덕)

교사: ○○는 이 일을 계기로 더 씩씩해지고 또 너희들은 행동을 함부로 하지 않게 되었으면 좋겠다.

② 피해학생 부모와 가해학생 부모 중재하기

교사는 가해학생 부모와 피해학생 부모 각자와 만나서 따돌림 문제를 풀어 갈 수도 있지만, 양쪽을 동시에 만나서 중재를 할 수도 있다. 교사는 자신이 파악한 피해 사실에 대한 객관적인 증거를 가지고 사태를 다루어야 한다. 가장 기본적으로 피해학생 측에서 원하는 것이 무엇인지 먼저 파악한다. 그리고 이 사실을 가해학생 측에 가감 없이 정확하게 전달한다. 피해학생이 병원에 입원한 경우는 바로 가해학생 부모들이 피해학생을 방문해서 사과할 수 있도록 하고, 그 외에 피해학생 측에서 요구하는 내용들을 가해학생 부모가 처리할 수 있도록 권유한다. 이 과정에서 교사는 공정하고 객관적인 태도를 견지하며, 양쪽 모두에게 깊은 관심을 보인다. 그리고 중재는 교사 혼자 다루기에는 벅찬 경우가 많으므로, 필요하면 전문상담교사나 선임교사, 그리고 행정 책임자인 교감이나 교장과 문제를 상의한다.

앞에서도 교사의 공정성에 대해 언급하였지만, 가해학생의 부모가 학교 운영위원이거나 학교에 상당한 영향을 미치고 있는 경우, 가해학생 부모가 학교에 압력을 가해 피해학생과 가해학생의 공동책임인 양비론으로 사태를 몰고 가거나, 사건을 은폐 조작하려고 할 수도 있다. 최근까지 왕따사건이 학교 측의 조직적인 은폐 시도로 형사사건으로 비하되어 학교나 관련 학생들, 나아가 학부모들에게 엄청난 심리적, 물질적 비용을 유발한 사례가 여러 건 있음이 보고되었다. 문제를 원만하게 해결할 수 있는 방법은 투명하게 사태를 조사하고 원칙대로 처리하는 것이다. 담임교사는 이 점을 분명히 알고 소신 있게 학급의 따돌림 문제를 극복해야 한다. 교사의 진정한 용기가 필요한 상황이다.

교사는 학교폭력관련 법률 상식에 대해서도 정확하게 알고 있다가 사안에 참조해야 한다(법제처 홈페이지 www.moleg.go.kr 참조).

(3) 학급 개입하기

따돌림 상황이 발견되고 관련 조사가 끝났으면 따돌림 문제를 해결하는 개입이나 예방 교육을 진행한다. 따돌림과 관련된 주제를 가지고 모둠활동, 전체토론, 역할놀이 등의 기회를 제공하고, 이와 관련해서 학급상황을 알 수 있는 질문지를 실시한다.

학급에서 활용할 수 있는 토론 주제

• 친구의 의미
- 나에게 친구란?
- 나는 어떤 친구를 좋아하는가?
- 내가 싫어하는 친구는?
- 친구와의 사이에 자주 발생하는 갈등은?
- 친구와의 갈등을 해결하는 방법은?

• 따돌림 이해하기
〈따돌림 사례 예시(신문이나 상담사례, 기사 추출, TV 기록물 제시)〉
- 따돌림은 무엇을 말하는가?
- 따돌림과 장난의 차이는 무엇인가?
- 이러한 사례에 대한 느낌은 무엇인가?
- 내가 만약 따돌림 피해학생이라면 어떤 느낌인가?
- 피해자는 왜 따돌림을 당했는가?

- 가해자는 왜 피해학생을 괴롭혔는가?
- 이후 피해학생에게는 어떤 후유증이 있을까?
- 이후 가해학생에게 후유증이 있다면 무엇이겠는가?
- 만약 내가 따돌림을 지켜본 방관자라면 어떤 마음에서 그랬는가?
- 이 문제를 해결하기 위해 무슨 조치가 취해져야 하는가?
- 우리 학급에는 따돌림당하는 친구가 있다면 나는 어떻게 할 것인가?

- 따돌림 사례 역할놀이
  - 따돌림과 관련된 구체적인 사례에 대한 역할놀이 제안
  - 활용할 수 있는 구체적인 사례를 제시할 것(교사나 학생이 연출자가 될 수 있음)
  - 따돌림은 무엇을 말하는가?
  - 이러한 사례에 대한 느낌은 무엇인가?
  - 내가 만약 따돌림 피해학생이라면 어떤 느낌인가?
  - 피해학생은 왜 따돌림을 당했는가?
  - 가해학생은 왜 피해학생을 괴롭혔는가?
  - 이후 피해학생에게는 어떤 후유증이 있을까?
  - 이후 가해학생에게 후유증이 있다면 무엇이겠는가?
  - 만약 내가 따돌림을 지켜본 방관자라면 어떤 마음에서 그랬는가?
  - 이 문제를 해결하기 위해 무슨 조치가 취해져야 하는가?
  - 우리 학급에 따돌림당하는 친구가 있다면 나는 어떻게 할 것인가?
  - 피해학생 역할을 한 학생은 어떤 느낌이 들었는가?

－가해학생 역할을 한 학생은 어떤 느낌이 들었는가?

－방관학생 역할을 한 학생은 어떤 느낌이 들었는가?

학급 개입으로 학급도우미를 활용할 수 있다. 또래가 도우미가 되어 따돌림 발생을 인지하고 필요시에는 개입하여 도움을 줄 수 있다.

학급도우미 활용 팁

• **대상**: 대인관계, 학업성적, 신체적 조건 등이 다른 학생들에게 영향력이 있는 학생들

• **선발인원**: 3～4명

• **방법**: 공개적으로 임명하고 도우미 역할에 대해 학급 전체가 알 수 있도록 한다.

• **역할**: 정기적으로 학급으로 관찰하고 필요시에는 담임교사에게 보고하고 따돌림 문제 발생 시 피해자 지원 역할을 한다.

4) 의뢰하기

담임교사가 사태를 파악하고 그 사안이 경미하여 혼자서 처리할 수 있는 일도 있다. 하지만 교사가 따돌림 사건을 혼자서 처리하는 것이 어려운 경우가 더 많다. 사안이 교사가 혼자 처

리하기에는 무리가 있다고 판단이 들면 가장 가깝게는 학교의 전문상담교사나 순회상담교사를 활용하여 자문이나 지원을 요청한다. 그리고 학교 내의 경험 많은 부장 교사 등에게 자문을 요청한다. 나아가 지역사회 청소년상담전문가에게 자문이나 지원을 요청해도 도움을 받을 수 있다. 각 학교마다 의무적으로 설치하도록 되어 있는 학교폭력자치위원회에 사건을 의뢰할 수도 있다.

아직까지 각 일선 학교에서는 따돌림이나 학교폭력 같은 사건이 발생하면 외부에 사건이 노출되는 것을 꺼리기 때문에 외부인이 개입하는 것을 매우 경계하고 있는 실정이다. 하지만 다양한 미디어 기술이 발달하고 학교 외부 지원시스템이 발달된 요즘은 학교가 따돌림이나 학교폭력을 은폐한다고 해도 감출 수가 없다. 학교가 왕따나 학교폭력을 뿌리 뽑겠다는 강한 의지를 가지고 사안들을 투명하게 처리한다면 이들 문제의 발생 비율도 낮출 뿐더러 학부모들은 안심하고 학교에 사건의 해결을 위임할 것이다. 담임교사로서 문제해결에 대한 소신을 가지고 용기 있게 따돌림 문제를 해결해 나가기를 바란다.

다음은 담임교사가 타 기관에 따돌림 사건을 의뢰할 때 참조할 수 있는 의뢰양식이다.

〈표 4〉 따돌림사건 의뢰서 양식

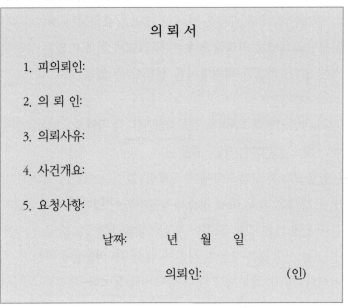

의 뢰 서

1. 피의뢰인:

2. 의 뢰 인:

3. 의뢰사유:

4. 사건개요:

5. 요청사항:

날짜: 년   월   일

의뢰인: (인)

(1) 전문상담교사에게 의뢰

담임교사가 따돌림 사건을 혼자 처리하기 어려운 경우는 학교 전문상담교사나 순회상담교사를 활용하여 도움을 받는다. 교사가 전문상담교사에게 도움을 요청할 수 있는 사안은 첫째, 피해학생에 대한 보다 전문적인 상담을 요청하는 것이다. 특히 사회성이 문제가 되거나 자기주장이 부족하고 효과적인 의사소통 기술이 필요한 경우에 상담교사에게 피해학생을 도와줄 수 있는 방안을 의논할 수 있다. 둘째, 가해학생에 대한 보다 전문적인 지도나 상담이 필요할 때 도움을 요청하는 것이다. 셋째, 따돌림 사건에 학부모가 개입이 된 경우에 효율적인 중재안에 대해 자문을 받거나 개입을 요청하는 것이다. 전문상담교사에게 의뢰할 경우는 각 학교가 취하고 있는 행정체계에 의거, 적절한 의뢰방식을 선택할 수 있다.

(2) 상담기관에 의뢰(예: 전문상담기관, 각 지역 청소년상담센터, 청소년폭력예방재단, 병원 등)

담임교사가 상담교사에게 의뢰할 수 있는 여건이 여의치 않거나 가까운 지역 내에 청소년상담기관이 있다면 전문상담기관을 활용하는 것도 도움이 된다. 상담기관에 도움을 요청할 수 있는 사안들은 따돌림 사안에 대한 처리 방법에 대한 조언, 피해학생과 가해학생에 대한 상담치료 등이다. 특히 피해학생이 사회기술 능력이 현저히 떨어지고, 자아존중감이 낮거나 피해망상 같은 심리적인 어려움이 있을 때 상담기관을 활용하면 도움을 받을 수 있다. 가해학생들의 개인 내적인 문제를 조력하는 데도 도움을 받을 수 있다. 교사가 지역사회 청소년상담기관과 연계를 할 경우는 대체적으로 피해자와 가해자가 상담기관에 직접 방문해야 하는 수고가 있지만, 학교를 벗어나서 학생들이 자유롭게 자신의 문제를 털어놓을 수 있다는 장점도 있다. 따돌림 사안이 폭력을 수반한 중대한 사안일 경우 지역청소년폭력예방재단에 자문을 받거나 교육부가 2007년 6월 1일자로 청소년폭력예방재단이 운영하게 한 'SOS 지원단'을 활용할 수도 있다. 교사가 사건을 은폐하거나 축소하기보다 적극적으로 문제를 해결할 의지를 가지고 있으면 사건들이 비교적 원만하고 빠르게 해결될 수 있다는 것을 명심한다.

(3) 학교폭력 대책 자치위원회: 피해학생과 가해학생 부모 중재 실패 시 취할 조치

담임교사가 처리할 수 있는 범위가 넘어서는 따돌림 사건일 경우는 학교에서 의무적으로 설치하도록 되어 있는 학교폭력 대책 자치위원회에 관련 사건을 위임할 수 있다. 자치위원회는 그동안 교내 폭력사건을 해결할 수 있는 전담기구의 미비로 대부분의 사건들이 경찰서나 형사, 민사상의 방법을 통하여 진행되어 학교 현장의 많은 인적, 재정적 소모가 있다는 점이 고려되어 학교 내에 설치하기로 한 것이다. 그동안 대표적인 학교 내 기구인 '5자 위원회' '중재위원회' 등이 학교폭력 사건의 중재적 역할을 맡아 왔지만 법적 지위의 미비로 그 역할의 중대성에 비해 실제적인 성과가 없었다. 「학교폭력예방 및 대책에 관한 법률」에 따라 설치된 자치위원회는 법적 지위를 부여받으며 1차적 목적은 피해, 가해당사자들을 법적 심판 대신 학교 내에서 자율적으로 합의 또는 중재한다는 것을 목적으로 하고 있다.

자치위원회는 대외적 전문가(경찰, 법조계, 상담가 등)와 학부모 대표로 구성되어 활동한다. 자치위원회 활동 중에 경찰, 검찰에 해당 사건이 의뢰되었을 때도 이러한 객관적인 조치 자료를 수사 자료로 넘겨 줄 수 있어서 보다 객관적인 형사, 민사

상의 접근을 꾀할 수 있다.

담임교사는 학교폭력 대책 자치위원회의 사건처리 절차를 숙지하고 사건이 원만히 해결될 수 있도록 촉구하며, 적극적으로 자치위원회가 제 역할을 할 수 있도록 관여한다. 학교폭력 대책 자치위원회의 처리 과정은 [그림 2]와 같다.

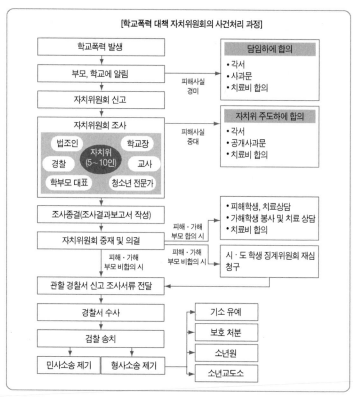

[그림 2] 학교폭력 대책 자치위원회 사건처리 과정

2. 전문상담교사의 역할

따돌림 문제를 해결하는 데 상담교사의 역할은 매우 중요하다. 학생들을 대상으로 예방 교육을 하고, 문제가 발생하면 담임교사에게 전문적 조언을 하거나 관련 학생들을 직접 상담하며, 학부모까지 개입된 문제로 확산될 경우는 학부모들을 만나 중재를 하기도 한다.

현재 학교상담사의 배치 현황은 지역 교육청 소속으로 있으면서 관내 학교를 순회하는 전문상담교사와, 일선 학교에 직접 배치되어 해당 학교 학생들을 지도하는 전문상담교사로 크게 구분된다. 전문상담교사로 임용된 사람들은 교사 경력이 있으면서 대학원이나 전문상담교사 양성 과정을 이수하고 전문상담교사 임용시험에 합격한 사람들이 한 축을 구성한다. 다른 한 축은 교원자격증 취득자로 단기 상담과정을 이수하고 임용시험에 합격한 사람들이다. 그 외에 학부에서 상담을 전공하고 임용시험을 치른 전문상담교사들이 배치되고 있다.

전문상담교사들의 배경이 다양한 만큼 이들은 상담소양이나 학교 현장에 대한 적응력에서 차이를 나타내고 있다. 상담교사 역할을 수행하는 데 느끼는 어려움도 각기 다르다. 다양해지는 학생들의 문제를 처리하는 데 상담전문성 부족을 느끼기도 하고, 다른 교과 교사들의 이해 부족으로 업무 협조를 받는 데 어려움을 겪기도 한다. 특히 신참 상담교사는 경력이 일천하다는 이유로 경력 중심인 학교조직에서 전문성을 발휘하는 데 상대적으로 더 큰 어려움을 느낄 수 있다. 아직은 전문상담교사 제도 시행 역사가 얼마 되지 않아 여러 가지 문제가 있지만, 앞으로 상담교사가 많이 배출되고 이들이 각자의 위치에서 전문성을 발휘하면 바람직한 학교상담 제도로 정착될 수 있을 것이다. 이 과정에서 상담교사들의 전문성 향상을 위한 꾸준한 노력과 학교상담에 대한 열정이 요구된다.

이상은 전문상담교사제 실시에 따른 우려와 전망에 대해 살펴보았다. 다음은 전문상담교사가 따돌림과 관련하여 해야 하는 역할을 정리한 것이다.

전문상담교사들이 따돌림 문제에 개입하는 경우는 다음과 같이 구분된다. 첫째, 담임교사로부터 따돌림 문제의 해결을 위한 자문을 요청받을 수 있다. 둘째, 담임교사로부터 피해학생이나 가해학생에 대한 상담이나 교육을 요청받을 수 있다. 셋째, 따돌림 관련 학부모에 대한 중재를 요구받을 수 있다. 넷째, 학급대상 심리교육이나 학생 개인별 지도를 통해 따돌림을 발견해서 처리해야 하는 상황이 있을 수 있다. 상담교사는 이들 각각의 경우에 대한 대처방법을 정확하게 숙지하고 있다가 사안이 발생하면 효과적으로 대처해야 한다.

1) 따돌림 발견 및 의뢰받기

앞서 언급한 것처럼 전문상담교사는 학급을 대상으로 한 교육이나 상담활동을 하다가 직접 따돌림 사실을 인지할 수 있다. 혹은 담임교사로부터 사건 처리를 의뢰받기도 한다. 순회

상담교사는 해당 학교의 책임교사로부터 사건처리를 의뢰받는 경우가 많다. 물론 피해학생이 직접 상담을 요청하기도 한다. 따돌림 발견 경로는 여러 가지가 있겠지만 상담교사로서 평소에 유념하고 있어야 할 사항은 자신이 먼저 직접 따돌림 문제를 발견할 수 있어야 한다는 것이다. 이를 위해 따돌림이 발생하는지 수시로 조사를 하는 것이 필요한데, 학급을 대상으로 교우도 조사를 하거나 일상 활동으로 따돌림 예방 교육을 실시한다. 그 과정에서 어떤 학년, 어떤 학급에서 따돌림이나 학교폭력이 발생하는지 면밀히 관찰한다.

다음은 따돌림 조사를 실시하는 방법에 대한 것이다.

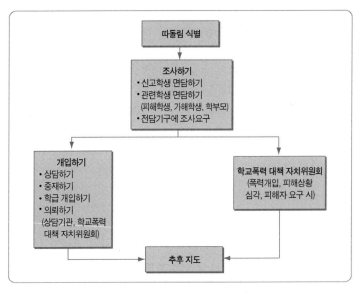

[그림 3] 전문상담교사 역할 흐름도

2) 조사하기

(1) 의뢰자 면담하기

상담교사가 따돌림 사건을 직접 발견하였든지, 아니면 제삼자가 사건처리를 의뢰하였든지 가장 먼저 할 일은 따돌림 상황을 알려 줄 수 있는 피해학생이나 주변 인물들에 대한 면담을 수행하는 일이다. 우선, 관련 학생들에게 비밀 보장을 약속하고 개인면담이나 집단면담을 진행한다. 따돌림 사건에 대한 정보가 어느 정도 수집되면, 담임교사에게 조사 내용을 알려 주고 문제해결을 위한 협조를 논의한다. 담임교사가 스스로 문제를 해결하겠다는 의지를 보이면 사건을 넘기고 추이를 지켜본다.

만약 담임교사가 도움을 요청할 때는 적극 지원해야 하는데, 담임교사가 대체적으로 요청할 수 있는 사항은 일 처리에 대한 컨설팅과 중재, 관련 학생들 상담이 될 수 있다. 보통 담임교사들은 따돌림이나 학교폭력 등이 발생하면 처리 방법을 몰라 당황하는 경우가 많으므로 관련 정보를 제공하고 적극적으로 협조하겠다는 의지를 보여 준다. 담임교사에게 알려 줄 정보는 따돌림이나 학교폭력이 어떤 양상으로 전개되는지, 잘못 처리되었을 때 어떤 문제가 야기될 수 있는지, 학부모와의 관계 정립은 어떠해야 하는지 등에 관한 것이다. 특히 사전 조사 없이 섣부르게 관련 학생들을 가볍게 훈육한다거나 무조건 추궁하면 따돌림 재발을 유도하여 사태를 더욱 악화시킬 수 있다는 점을 알린다.

순회전문상담교사의 경우는 대개 학교로부터 직접 도움을 요청받는다. 의뢰자는 담임교사가 될 수도 있고 학교폭력 책임교사나 교장이 될 수 있다. 요청 내용은 대개 피해학생과 가해학생 학부모 사이 중재하기, 관련 학생들에 대한 심리상담 등이다. 우선 따돌림 사건을 의뢰받으면 관련 내용이 무엇인지, 어떤 성격의 사건인지에 대한 정보를 탐색한다. 그리고 의뢰자에게 따돌림 사건의 처리 절차, 추가적으로 개입될 수 있는 문제, 유의할 점, 상담교사로서 본인이 개입할 수 있는 범위 등에 대한 정보를 제공하고 필요한 협조를 받는다.

다음은 의뢰자 대상별로 상담교사가 확인하고 질문할 내용에 관한 것이다.

① 담임교사
- 따돌림 상황에 대한 구체적 파악: 따돌림 피해 상황 및 피해 정도, 따돌림의 원인, 피해학생과 가해학생의 특성, 상담의뢰 동기
- 따돌림 발견 이후 현재까지의 교사의 역할 파악
- 담임교사로서 대처하기 어려운 점 파악
- 상담교사에게 기대하는 점 파악
- 상담자의 역할, 상담전략 및 계획 설명
- 교사와 긴밀한 협력 관계 만들기

② 학교 당국자
- 사건 경위 파악
- 현재 진행 상황 파악
- 기대하는 도움 내용
- 기대하는 해결 방향

③ 피해학생
- 사건 경위 파악
- 따돌림 피해 상황
- 대처 방식
- 부모님 인지 여부 확인
- 담임교사 인지 여부 확인
- 기대하는 해결 방향

(2) 관련자 면담하기

따돌림 관련자들은 피해학생, 가해학생, 이들의 부모가 된다. 각각의 경우에 적절한 면담을 통해 관련 사건에 대해 정확하게 파악한다.

① 피해학생 면담

피해학생의 경우, 앞서 담임교사의 관련자 면담 내용에서 밝힌 내용을 참조할 수 있다. 우선 따돌림 피해학생의 수치감과 가해자에 대한 분노 감정을 공감할 수 있어야 한다. 또한 가해학생들로부터 "고해 바쳤다."라는 비난과 더 심한 따돌림을 받지나 않을까 걱정하는 마음을 읽어 주어야 한다. 그리고 문제가 잘 해결될 수 있을 것이란 희망을 심어 줄 필요가 있다. 심리적 지지가 공고할 때 피해학생은 따돌림 상황에 대해 솔직하게 진술할 수 있다. 이때 상담교사는 따돌림이 어떤 상황으로 전개되었는지, 가해학생이 몇 명이며 누구인지, 부모님은 아시는지, 어떻게 대처해 왔는지, 어떤 식으로 해결되기를 바라는지에 대해 정확한 조사를 한다.

② 가해학생 면담

가해학생 면담 역시 앞의 담임교사의 대처 방식을 참조할 수 있다. 가해학생들은 상담교사의 소집에 대해 다양한 반응을 보일 수 있다. 상담교사한테까지 사건이 알려진 것이 싫고, 큰 문제가 아닌데 상담선생님께 의뢰되었다는 사실에 분노를 표현하는 학생이 있을 수도 있고, 반면에 반성의 기미를 보이며 순순히 잘못을 시인하는 학생도 있다. 어떤 경우든지 가해학생들이 따돌림 상황을 어떻게 지각하는지를 탐색한다.

다음은 가해학생을 대상으로 파악할 내용에 대한 것이다.

- 따돌림 가해 상황 확인
- 가해자 확인
- 따돌림 가해 행동 파악하기
- 가해 행동의 원인 파악하기

- 피해학생의 어려움 알려 주기
- 사건처리 과정에 대한 정보 제공하기

③ 학부모 면담

학부모가 직접 상담교사에게 문제를 제기할 수도 있지만 대체적으로 담임교사가 학부모를 의뢰하는 경우가 많다. 담임교사는 양측 학부모 사이를 중재하는 것이 어렵다는 판단이 들 때 상담교사의 개입을 요구한다. 상담교사는 담임교사로부터 의뢰받은 사항을 잘 숙지하고 있되, 학부모가 파악하고 있는 사건에 대한 진술도 선입견 없이 객관적으로 경청한다. 어떤 점에서 양자 간에 사건에 대한 지각에서 차이가 나고, 학부모들 각자가 원하는 것이 무엇인지에 탐색한다. 더불어서 공정하게 사건을 처리한다는 믿음을 보여 주어야 하는데, 피해학생과 가해학생 간 의견 차이가 있기 마련이기 때문에 어느 한쪽을 편든다는 인상을 주지 않는 것이 중요하다.

상담교사가 학부모를 만날 때 학교로부터 사건에 대한 조기 종결에 대한 압력을 받을 수 있다. 혹은 상담교사가 먼저 학교 당국과 접촉하면서 학교 입장에 공감을 하고 학교 입장을 대변하고 싶은 마음이 들기도 한다. 따라서 상담교사는 자신이 공정하지 못한 상황에 처해질 수 있다는 것을 자각할 필요가 있다. 학교에는 사건을 공정하게 처리하는 것이 사태를 빨리 해결하는 길이라는 것을 알려 준다.

피해학생의 부모 면담 방법

- 부모로서 걱정되는 마음 공감해 주기
- 따돌림 상황 구체적으로 파악하기: 피해학생의 특성, 따돌림 피해 상황 및 피해 정도, 따돌림의 원인, 상담의뢰 동기
- 피해학생의 과거력, 가정환경 파악하기
- 피해학생 상담에 대한 전략, 목표, 계획 설명하기
- 피해학생의 현재 상태를 이해하고 지지 및 공감하도록 안내하기
- 구체적인 대화방식 코치하기
- 필요하다면 부모에게 상담 권유하기
- 효과적인 자녀양육 태도를 배울 수 있는 부모교육 프로그램 안내의 참여 권유하기
- 부모와 긴밀한 협조관계 만들기

가해학생 부모 면담 방법

- 자녀가 따돌림 가해학생임을 고지하기
- 가해학생 부모의 당황스러운 감정 읽어 주기
- 피해학생의 상태 알려 주기
- 가해학생의 평소 태도 및 자녀교육 방식 확인하기
- 자녀의 가해 행동 금지를 위한 방법 논의하기
- 자녀의 교육적 징계나 후속 조치가 취해질 수 있다는 점 고지하기
- 부모교육 및 상담 권유하기

3) 개입하기

(1) 상담하기

따돌림 사건 정황이 파악되면, 관련 사건의 성격을 규정하고 피해학생 및 가해학생들에 대한 상담을 시작한다. 상담은 개인상담, 집단상담 혹은 따돌림 예방 교육과 같은 집단교육이 될 수 있다.

① 개인상담

피해학생에 대해서는 어떤 식으로든지 개인상담을 실시하는 게 바람직하다. 따돌림 사건의 성격상 피해학생은 장기간 힘든 상황에 처했을 가능성이 높다. 따라서 심리적 위축이 심하고 피해의식이 깊게 자리 잡고 있을 수 있다. 피해학생에 대한 개인상담에서는 먼저 학생이 경험했을 감정적인 어려움, 낮아진 자존감 등의 정서적 어려움을 공감해 주는 것이 필요하다. 그 다음에는 어떤 요인이 따돌림 상황과 관련되는지 파악해서 학생에 맞는 개입을 한다.

피해학생들의 특성은 매우 다양하지만 대체적으로 다음과 같이 구분될 수 있다.

첫째, 소극적 대처 유형이다. 따돌림 상황에 대해 무기력하게 대처하거나 거의 대처하지 못한 채 일방적으로 당하는 학생이다. 이런 학생들은 의사소통의 문제를 안고 있는 경우가 많다. 따라서 상담교사는 피해학생이 또래들 속에서 어떤 방

식으로 의사소통을 하는지, 따돌림에 대해 어떻게 대처하는
지를 파악한다. 대처 방식을 파악하였다면 개인상담 시간에
바람직한 의사소통 방식에 대한 교육을 제공할 수 있다. 침묵,
무관심, 울기, 묵인하는 태도 등의 대처 방식을 나타내고 있다
면 어떤 마음에서 그런 대처 방식을 취하는지 살펴보고 잘못
된 생각이 있다면 수정해 준다. 그리고 피해학생이 어려움 없
이 배울 수 있는 새로운 행동방식을 찾아보고, 구체적으로 표
현할 수 있도록 연습을 시킨 다음에 실전에서 행동할 수 있도
록 격려한다.

둘째, 상황에 맞지 않는 부적절한 대처 유형의 학생이 있다.
따돌림 상황에 적절하지 않은 공격 행동을 하거나 무조건 울
어 버리거나 산만한 행동을 해서 또래들에게 짜증이나 거부감
을 유발하는 경우다. 이런 학생에게는 자신에게 일어나는 상
황에 대해 정확하게 사태를 파악할 수 있는 안목을 키워 주는
것이 필요하다. 자신의 문제가 무엇인지 객관적으로 파악을
했다면 바람직한 대처 행동은 무엇인지, 자신이 시도할 수 있
는 행동목록은 무엇인지 논의하고 연습시켜 실제에서 구사할
수 있도록 조력한다.

셋째, 피해학생 겸 가해학생 유형이 있다. 자신이 따돌림 피
해를 당하면서 동시에 다른 친구에게 따돌림 가해 행동을 하
는 경우다. 따라서 상담교사는 이 학생들이 어떤 경우에 가해
학생이 되고 피해학생이 되는지를 파악해야 한다. 그 과정을
통해 이들이 어떤 심리에서 가해 행동과 피해 행동 사이를 왔

다 갔다 하는지 마음상태를 확인한다. 그리고 본인이 당하는 따돌림에서 어떻게 벗어날 수 있는지 방법을 논의하고 새로운 방법을 연습시킨다. 아울러 자신이 피해자로서 경험하는 감정이 무엇인지 살펴보고 자신에게 당하는 피해학생의 심정을 공감할 수 있도록 한다.

　다음은 피해학생과 개인상담을 할 때 사용할 수 있는 핵심 질문 및 반응이다.

피해학생 상담기법

• 상담받게 된 심정 다루고 구조화하기
　-담임선생님의 권유로 이렇게 상담을 하게 되었는데…….
　　지금 마음이 어떠니?
　-갑자기 상담을 한다고 생각하니 부담이 되니?
　-요즈음 친구들과 힘든 일이 많았던 거 같은데, 어떻게 지
　　내고 있니?
　-선생님이 ○○의 어려움을 도와주고 싶은데, ○○는 어떠니?
　-그동안 힘들어했던 친구 문제를 같이 얘기해 보고 해결방
　　법도 찾아보자.
　-일주일에 한 번 정도 시간을 정해 놓고 만나서 ○○가 힘
　　든 문제나 의논하고 싶은 것들을 편하게 얘기할 수 있어.
　　물론 급한 일이 생겼을 경우는 상담실로 찾아와도 좋고.
　-상담시간에 하는 얘기들은 비밀을 지킬 거야. 담임선생님
　　이나 부모님에게 말해야 하는 경우도 네게 먼저 의논하고

상의를 할 거고.

• **따돌림 상황, 원인 및 학생 특성 파악하기**
  - 누가, 몇 명 정도가 너를 괴롭혔니?
  - 아이들은 너를 어떻게 괴롭혔니? (아이들은 너에게 뭐라고 놀리니?)
  - 언제부터, 얼마나 자주 그런 상황이 된 거니?
  - 주로 어떤 상황에서 아이들이 너를 괴롭히는 거니?
  - 아이들이 너를 괴롭히면 너는 어떻게 반응하니? (행동하니?)
  - 그렇게 반응하면 아이들은 괴롭히는 걸 멈추니? (그렇게 반응하면 아이들은 또 어떻게 행동하지?)
  - 아이들이 너를 괴롭힐 때 어떤 생각을 하니?
  - 전 학년에서도 아이들이 너를 괴롭힌 적이 있니?
  - 네가 생각하기엔 아이들이 너를 왜 괴롭히는 거 같아?

• **심리적 어려움 공감 및 정서적 지지하기**
  - 그동안 많이 힘들었겠다. (얼마나 괴로웠니…….)
  - 그렇게 친구들이 괴롭혔다니, 선생님이라도 견디기 힘들었을 것 같아.
  - 그런 심정을 누구에게 말해 본 적 있니?
  - 누구에게 말도 못하고 학교 다니기 정말 싫었겠다.
  - 네가 얼마나 억울하고 또 외로웠을까……. 선생님도 정말 마음이 아프구나.
  - 그렇게 힘들었는데도 잘 견디었다. 정말 대단하다.

• **호소문제 파악 및 상담목표 설정하기**
  - 네가 가장 견디기 힘든 게 뭐였니?

- 어떻게 하면 네가 마음이 편해지겠니?
- ○○가 가장 도움받고 싶은 게 뭐니?
- 상담하면서 어떤 변화가 있었으면 좋겠니?
- 상담시간에 무슨 이야기를 하면 좋겠니?

• 대안행동 및 변화를 계획하고 실행하도록 격려하기
- 괴롭힘을 당하지 않기 위해 어떻게 하면 좋을까?
- 아이들이 너를 괴롭힐 때 네가 어떻게 행동하면 좋을까?
- 친한 친구를 한 명이라도 사귀려면 어떻게 할까?
- 네가 하고 싶은 말을 잘할 수 있도록 상담시간에 연습도
해 보자.
- 네가 달라지고 싶은 행동들을 조금씩 변화시켜 나가 보자.

• 내담자의 자원, 장점 찾아내고 활용하기
- 그렇게 힘든 상황에서도 학교에 잘 나갔구나. (학교에 나
가서 잘 견뎠구나.)
- 전에는 친한 친구를 사귄 경험들도 있었구나.
- 한두 명의 친구하고는 잘 지낼 수 있구나.
- ○○의 마음에도 친구들과 잘 지내고 싶은 마음이 많구나.
- 표현은 못했지만 네 마음에도 그런 할 말이 있었구나.
- 선생님에게 네 이야기를 솔직하게 해 줘서 고맙다.
- 너의 이런 노력이 너를 변화시킬 수 있단다.

• 변화에 대해 피드백해 주고, 지지해 주기
- 친구들과 인사를 하면 좋겠구나. 그럼 나와 한 번 연습해
볼까?

- 친구들에게 먼저 인사를 했구나. 정말 잘했다.
- 놀리지 말라고 단호하게 말했구나. 그럼 학교에서 했던 것
  처럼 다시 해 볼까?
- 좋아, 그렇게 말하니 네가 정말 화가 난 줄 알겠다.
- 친구들에게 부드럽게 말했구나. 그랬더니 친구들의 반응
  은 어땠어?
- 눈에 보이는 큰 변화는 없었구나. 하지만 친구들의 느낌은
  달랐을 것 같아.
- 오늘 웃는 표정이 정말 보기 좋은데. 그렇게 웃어 준다면
  친구들도 더 다가오기 좋겠다.
- 조금씩 노력하는 ○○가 정말 대견하다.

　가해학생과도 개인상담을 해야 한다. 하지만 가해학생들과
상담하는 것이 쉽지 않다. 가해학생들은 자기변명에 빠지거나
상대방의 입장을 조망하지 못하는 경우가 많다. 또한 가해학
생들은 상담교사를 비롯한 어른들에게 특유의 속어를 사용하
고 불손한 행동을 보이기도 한다. 상담교사는 가해학생들이
가질 수 있는 심리와 행동에 대해 사전에 파악하고 있는 게 좋
다. 이렇게 준비를 하고 있으면 상담교사는 담임교사보다 상
황을 살피는 데 여유를 가지고 대처할 수 있다. 가해학생을 비
난하기보다 아이가 처한 물리적, 심리적 상황을 먼저 이해할
수 있게 된다. 그렇다고 해서 가해학생의 불손하고 부적절한
행동을 한계 없이 수용하라는 것은 아니다. 잘못된 행동은 지

적하되, 아이 자체는 존중하는 태도를 보인다. 가해학생의 행동이 상담교사인 자신에게 어떤 감정이나 생각을 야기하는지 정확한 피드백을 제공하는 것도 도움이 된다. 피드백은 가해학생의 대인관계 양식을 알려 주는 유용한 방법이 될 수 있다. 상담교사가 일관적으로 자신을 존중하고 이해하는 태도를 보이면 어느 순간부터 가해학생의 행동이 정돈되며 자신을 편안하게 개방하게 된다. 가해학생이 자신에 대한 이해가 선행되면 자신이 받게 되는 징계나 감당해야 하는 책임에 대해서 솔직하게 얘기를 나눈다.

가해학생 상담기법

• 상담의뢰된 심정 다루고 구조화하기(문제해결과정 알려 주기)
  - 담임선생님께도 혼나고 다시 상담을 받게 되었는데…….
    지금 마음이 어떠니?
  - 갑자기 상담을 한다고 생각하니 부담이 되니?
  - 담임선생님께 듣기로는 네가 다른 아이를 괴롭힌 것 같던데……. 어떤 일이었니?
  - 요즈음 친구들과 안 좋은 일이 있었던 거 같은데, 어떻게 지내고 있니?
  - 상담을 하고 싶은 마음이 없을 수도 있지만, 네가 친구를 힘들게 했기 때문에 네 행동의 변화가 필요하단다. 그걸 선생님이 도와줄 수 있단다.

- 네가 친구를 괴롭힌 데 무슨 이유가 있었니? 네 입장에서 얘기를 들어보고 싶다.
- 네가 어떤 마음으로 친구를 괴롭혔는지 들어보고 싶단다.
- ○○가 잘한 것은 아니지만, 나름대로 이유도 있을 수 있고, ○○도 어려운 점, 억울함 점이 있을 수 있다고 생각해.
- 일주일에 한 번 정도 시간을 정해 놓고 만나서 ○○가 힘든 문제나 의논하고 싶은 것들을 편하게 얘기할 수 있어.
- 상담시간에 하는 얘기들은 비밀을 지킬 거야. 담임선생님이나 부모님에게 말해야 하는 경우도 네게 먼저 의논하고 상의를 할 거고.

• 따돌림 상황, 원인 및 학생 특성 파악하기
- 누구를, 어떤 아이를 괴롭혔니?
- 그 친구를 어떻게 괴롭혔니? (그 친구를 뭐라고 놀렸니?)
- 언제부터, 얼마나 자주 그렇게 행동했니?
- 주로 어떤 상황에서 그 친구를 괴롭히는 거니?
- 네가 친구를 괴롭히면 그 친구는 어떻게 반응하니? (행동하니?)
- 그 친구를 못살게 구는 이유가 있니? (네게 좋은 점이 있니?)
- 그 친구의 반응은 어떠니?
- 전 학년에서도 친구들을 괴롭힌 적이 있니?
- 너도 괴롭힘을 당해 본 적이 있니?

• 피해학생의 상태, 욕구 및 문제해결과정 알려 주기
- 네가 괴롭힌 친구는 지금 많이 괴롭고 힘든 상황이야. 네가 괴롭히지만 않으면 학교생활은 큰 문제가 없을 것 같단다.

- △△(피해학생)는 네가 사소하다고 생각하고 하는 여러 행동들에 큰 위협을 느끼고 있단다.
- 네가 대단한 행동을 해서가 아니고 여러 아이들이 집단으로 누군가를 괴롭히면 누구라도 힘들어진단다.
- 네가 △△라면 어떨 것 같니?
- △△와 부모님, 담임선생님은 네가 앞으로 △△를 괴롭히지 않기를 바란단다.
- 네 행동의 변화를 위해 상담이 필요하다고 판단했고, 그래서 앞으로 한 학기 동안 상담을 받아야 한다.
- 네가 상담도 열심히 받고 △△에 대한 행동에 변화가 있다면 정말 좋겠고, 만약 앞으로도 변화가 없다면 부모님 면담, 학교차원의 징계를 받을 수도 있단다.

• 호소문제 파악 및 상담목표 설정하기
- ○○는 상담시간을 통해 가장 하고 싶은 이야기가 뭐니?
- 너는 대수롭지 않게 여겼는데, 일이 커졌다고 느끼는구나.
- 네 행동이나 태도가 너에게도 결과적으론 많은 어려움을 주고 있구나.
- 네가 가장 달라지고 싶은 게 뭐니?
- 너도 모르게 친구를 괴롭히게 되는 이유를 찾아보자.
- 너에게 또 다른 고민이 있니?

• 대안행동 및 변화를 계획하고 실행하도록 격려하기
- 네가 달라지고 싶은 행동들을 조금씩 변화시켜 나가 보자.
- △△ 같은 아이들을 어떻게 대하면 좋을까?
- 네가 하고 싶은 말을 어떻게 표현하면 좋을까?

- 네 마음을 함께 얘기할 수 있으면 좋겠다.

• 가해학생의 자원, 장점 찾아내고 활용하기
  - 전에는 아무 생각 없이 그랬지만, 지금은 괴롭힌 친구에 대한 미안함도 가지고 있구나.
  - 상담 받으며 변하려고 노력하는 모습이 정말 대견하다.
  - 친구들과 잘 지낸 좋은 경험이 있었구나.
  - 그렇게 부드럽게 말해 주니 정말 듣기 좋다.
  - 어려운 이야기를 솔직하게 할 수 있는 건 큰 용기를 가진 거라 생각한다.

• 변화에 대해 피드백해 주고, 지지해 주기
  - 네가 조금씩 달라지고 있는 것 같은데……. 잘하고 있구나.
  - ○○에 대한 불만보다 네가 힘들어서 그랬다는 걸 느꼈구나.
  - 네가 친구들의 입장을 이해하다니……. 대견하구나.
  - 힘이 약한 아이를 도와준다는 마음은 정말 멋지다.

② 집단상담

상담교사는 따돌림 예방이나 치료를 위한 집단상담을 수행해야 한다. 학교에서 피해학생들을 대상으로 한 집단상담을 수행할 경우는 직접 사건에 처해 있는 피해학생보다는 교사들에게 외톨이로 있거나 따돌림받을 가능성이 있는 학생을 추천받아 학기마다 1～2회 정도 집단상담을 실시하여 따돌림 예방을 하는 것이 바람직하다. 집단상담 내용은 사회성 훈련, 자기

주장과 같은 대인관계 개선을 위한 내용이 될 수 있다. 집단상
담 참여 대상을 선정할 경우는 조심스럽게 그 과정을 진행한
다. '친구들과 잘 지내는 법'을 배운다는 취지로 아이들에게 홍
보를 해야 하며 담임교사에게도 학생 선정에 유의해야 할 사
항을 안내한다. 프로그램은 이 책의 부록에 예시된 집단상담
프로그램 등을 참고할 수 있다. 그 외에 다양한 사회성 훈련 프
로그램들이 개발되어 보급되어 있으므로, 상담교사는 각 학교
사정과 대상 학생들의 특성에 맞는 개별 프로그램들을 적절하
게 취사선택해서 프로그램을 구안한다.

가해학생을 위한 집단상담 프로그램도 실시되어야 한다. 특
히 가해학생들은 여러 명의 복수인 경우가 대부분이므로 이들
에게 친구의 의미, 자신들의 친구관계 점검, 친구 사이에서의
소외문제, 따돌림은 왜 일어나서는 안 되는지, 어떤 마음이 따
돌림 가해 행동을 하게 만드는지, 자신이 주로 경험하는 감정
은 무엇인지, 따돌림 가해 사건을 겪으면서 무엇을 경험했는
지 등의 내용을 중심으로 집단상담을 실시할 수 있다. 적극적
주동자를 제외하고는 '친구 사귀기' 같은 심리교육 프로그램에
긍정적인 반응을 보이는 경우가 많으므로 상담교사의 적극적
인 관여가 요구된다.

③ 집단교육

따돌림에는 피해학생 및 가해학생만 개입되어 있는 게 아니
라 방관자들도 관여되어 있으므로 학급 단위로 집단교육을 실

시한다. 평상시 예방 교육 차원에서 실시되어야 하며, 따돌림 사건이 발생했을 경우는 반드시 사후 집단교육이 제공되어야 한다. 따돌림은 주로 학급 내에서 일어나서 학급 성원 모두가 따돌림 문제로부터 어떤 식으로든지 영향을 받기 때문이다. 집단교육은 담임교사가 중심이 되어 진행할 수 있고 상담교사 주관으로 진행할 수 있다. 집단교육에서 실시할 수 있는 내용은 앞의 담임교사 역할 부분에 제시된 '학급 개입' 부분을 참조한다. 그 외에 현재 시중에 보급되고 있는 학교폭력 예방 프로그램 등을 참조하여 창의적으로 프로그램을 구안할 수 있다.

(2) 중재하기

따돌림 상황이 심각하고 학부모가 관여되어 있을 경우 상담교사에게 중재가 의뢰될 수 있다. 피해학생과 가해학생 사이에 담임교사 선에서 중재가 여의치 않아 상담교사에게 의뢰된 만큼 양측의 감정적 대립이 많이 격화되어 있을 가능성이 있다. 상담교사는 그동안의 진행 사항을 기록으로나 구두로 확인한 다음 각자의 입장이 무엇인지, 무엇을 원하는지에 대해 객관적으로 검토하고 각자의 요구사항을 파악한다. 그다음에 양측에 관련 내용을 각자에게 정확하게 전달하고 어떤 점을 절충할 수 있는지, 어떤 점에서 의견의 차이가 큰지에 대해 정리를 해 준다. 피해학생과 가해학생 그리고 학교 당국에 정리된 내용을 전달하고 본인이 할 수 있는 것과 없는 것, 그리고 중재가 되지 않을 경우 어떤 절차가 앞으로 놓여 있는지에 대해서도 양측에 알려 준다.

① 피해학생 및 가해학생

담임교사의 역할에서 언급한 것처럼 일차적으로 피해학생의 요구사항이 무엇인지를 파악하는 것이 급선무다. 단순히 가해학생들로부터 사과를 받고 학교 다니는 데 문제가 없기만을 바라는지, 가해학생들의 징계를 원하는지, 혹은 본인의 전학을 원하는지 등과 같은 피해자의 바람을 파악한다. 피해학생의 기대를 파악한 다음에는 그에 따라 후속조치가 마련되어야 하는데, 이 과정에서 필수적으로 선행되어야 할 점은 가해학생들이 피해학생에게 진심 어린 사과를 하는 절차가 있어야 한다는 것이다. 사과하는 과정이 있으면 문제의 해결이 쉬워질 수 있다. 하지만 피해학생이 학교생활을 할 수 없을 정도로 상처를 받았거나 후유증으로 고생할 것이 예견된다면 전학이 고려될 수 있다. 어떤 방향으로 결과가 야기되든, 가해학생들에게는 학칙에 근거하여 적절한 징계절차가 후속될 수 있다는 점을 알려 주고 이에 대해 책임을 질 수 있도록 한다.

② 피해학생 및 가해학생 부모

상담교사가 피해학생 부모와 가해학생 부모 사이를 중재해야 하는 상황이 종종 있다. 담임교사나 학교 차원에서 부모들 사이를 중재하는 것이 어려울 경우 상담교사에게 사건이 의뢰된다. 어떤 경우이든지 상담교사는 일차적으로 그간의 경위를

자세히 조사하고 학부모들에게 객관적이고 공정하게 사건을
처리하겠다는 의지를 보여 준다. 그다음에 피해학생 부모의
요구사항이 무엇인지 경청하고 가해학생 부모에게 중립적인
자세로 이를 전달한다. 가해학생 부모에게 피해학생 측의 요
구를 전달할 때는 가능한 진심 어린 사과가 문제의 해결에 필
수적임을 알려 준다. 피해학생이 상담이나 치료를 받는 경우
는 치료비나 정신적 보상을 고려해야 한다는 점도 알린다. 또
한 가해학생이 학칙에 따라 필요한 선도 교육을 받아야 하고,
양측이 중재되지 않을 경우 법적인 절차가 진행될 수 있음도
알려 준다. 이 과정에서 상담교사는 가능한 한 교육적 개입이
먼저 선행되어야 한다는 입장을 피력하여 사건이 원만히 해결
될 수 있는 분위기를 조성한다.

4) 의뢰하기

피해학생과 가해학생 사이의 중재가 실패할 경우, 상담교사
는 사건을 학교장이 위원장으로 있는 학교폭력 대책 자치위원
회에 사건을 위임해야 한다. 또한 피해학생의 피해 정도가 매
우 커서 집중적인 심리치료가 요구되거나 가해학생 측에 선도
교육이나 심리치료를 제공해야 할 경우는 병원이나 상담기관
에 학생들을 의뢰한다.

(1) 상담기관

피해학생이나 가해학생 모두 상담기관의 전문적인 도움을

받을 수 있다. 학교라는 공간에서 상담을 실시하는 것이 여러 가지 여건상 어려울 경우는 지역사회의 청소년상담기관에 피해학생을 의뢰해서 상담을 받게 할 수 있다. 피해학생에 따라 집중적이고 장기적인 치료를 받거나 사회기술 훈련 등을 배워야 할 필요가 있을 때, 학교를 떠난 외부 기관에서 상담을 받는 것이 피해학생에게 보다 편안한 기분을 느끼게 할 수 있다. 가해학생 역시 가해자라는 낙인이 찍힌 학교보다 외부 상담기관을 더 편안하게 여기고 보다 적극적으로 치료에 임할 가능성이 있으므로 사건의 성격이나 학생들 특성을 잘 파악하고 대처하는 것이 필요하다. 상담교사는 평상시 지역사회 상담기관과 연계하고 있을 필요가 있으며, 상담기관과 학생 상태에 대해 수시로 의견을 나누며 학생의 빠른 학교 복귀를 촉진하도록 해야 한다.

(2) 병 원

내담자의 상황이 매우 심각해서 망상적 사고나 우울 등의 정신과적 문제가 있을 경우는 약을 복용하거나 입원이 필요할 수도 있다. 학생의 정신건강에 이상 징후가 보일 때는 지체 없이 학교에 비치되어 있는 증상 체크리스트나 MMPI, SCT 등의 진단용 심리검사를 실시하여 학생의 정확한 상태를 파악한다. 그 결과가 좋지 않을 경우는 학부모와 면담을 하고 학생을 병원에 연계시켜 도움을 받도록 한다. 평상시에 지역사회 병원과 연계를 하고 있다면 사안이 발생할 때 보다 편리하고 즉각적인 도움을 받을 수 있다. 따라서 상담교사는 지역사회의 여러 기관과의 연계에도 힘쓸 필요가 있다. 병원에 피해학생을 입원시켰거나 피해학생이 통원치료를 한다면 부모뿐만 아니라 담당의사와 직접 교류하여 아이 상태를 함께 평가하고 관찰하여 아이가 빨리 회복될 수 있도록 협조한다.

(3) 학교폭력 대책 자치위원회

피해학생 측과 가해학생 측에 대한 중재가 실패했을 경우 일단 자치위원회에 사건을 위임해야 한다. 자치위원회 활동에 대해서는 다음 절의 학교폭력 처리과정에 대한 절차를 참고할 수 있다.

3. 상담전문가의 역할

따돌림 문제로 고민하는 청소년들이나 부모들은 위기 상황에 효과적으로 대처하고, 보다 근본적인 심리치료의 도움을 받고자 전문상담기관을 찾는다. 때로는 학교 담임교사나 전문상담교사가 따돌림 문제해결 또는 중재에 대한 자문이나 가해학생에 대한 선도, 교육 및 심리상담을 의뢰하기도 한다. 어떤 경우이든 상담기관의 상담전문가는 따돌림 문제 상황을 신속히 판단하고 심리검사, 면담 등을 통해 피해학생의 정서상태를 정확하게 진단하여 적절한 조치와 심리상담을 제공해야 한다. 심리상담은 개인상담, 집단상담, 또는 이 둘을 병행해야 하며 학부모 면담을 통해 상담의 효율성을 높이도록 한다. 필요한 경우는 학교 및 연계 기관과 협조를 통해 다각적인 차원에서 피해학생과 가해학생에게 적절한 서비스 및 정보를 제공한다. 예컨대, 폭력을 수반한 따돌림 문제의 경우 그 심각성의 정도에 따라 병원, 경찰들과 신속하게 연계한다. 다음은 상담전문가가 따돌림 문제에 대처하는 다양한 방법에 대한 설명이다.

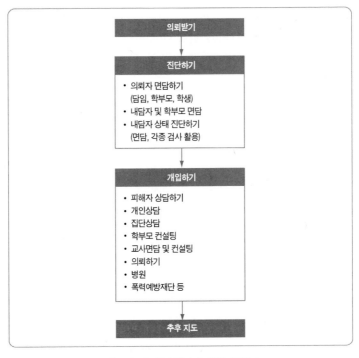

[그림 4] 상담전문가 역할 흐름도

1) 의뢰받기

(1) 의뢰자 면담하기

의뢰자는 담임교사, 따돌림 피해학생 부모, 따돌림 피해학생 본인이 될 수 있다. 이들은 대체로 상담센터로 전화 또는 직접 내방하여 상담을 의뢰하는데, 상담의뢰가 되었을 경우 우선 피해학생 및 가해학생에 대한 인적 사항, 의뢰자의 상담의뢰 동기, 따돌림 피해수준 등을 정확하게 파악한다. 그다음에는 상담기관과 상담에 대한 적절한 오리엔테이션과 필요한 정보를 제공한다. 특히 피해학생이나 그 부모는 따돌림 때문에 심리적으로 위축되어 있거나, 격렬한 분노를 품고 있거나, 여러 가지 당황스러운 상태일 수 있으므로 그런 마음을 잘 공감해 주어 편안하게 상담으로 연결될 수 있도록 한다. 내담자가 청소년인 경우 학부모와 함께 상담을 진행하는 것이 효과적인 경우가 종종 있으므로, 따돌림 피해학생 부모와 피해학생 상담을 병행하도록 권유하는 것이 좋다. 교사의 경우는 피해학생 및 가해학생의 심리상담 의뢰와 더불어 교사역할에 대한 자문을 원하는 경우가 있다. 피해학생 및 가해학생의 문제가 잘 해결될 때까지 의뢰자인 교사와 지속적인 연계를 갖는 것도 필요하다.

의뢰자 면담 시 유의사항

• 따돌림 상황에 대한 구체적인 파악
  피해학생의 특성, 따돌림 피해 상황 및 피해 정도, 따돌림의
  원인 등
• 상담의뢰 동기 파악하기
• 상담에 대한 기대를 파악하고 조절하여 상담으로 자연스럽
  게 연결하기

의뢰자 대상별 조치사항

• 피해학생 부모
  − 학부모의 걱정하는 마음 공감해 주기
  − 따돌림 상황 구체적으로 파악하기
  − 피해학생의 과거력, 가정환경 파악하기
  − 상담에 대한 전략, 목표, 계획 설명하기
  − 피해학생의 현재 상태를 이해하고 지지, 공감하도록 안내
  − 구체적인 대화방식 지도
  − 필요하다면 부모에게 상담 권유
  − 효과적인 자녀양육 태도를 배울 수 있는 부모교육 프로그
    램 안내의 참여 권유
  − 부모와 긴밀한 협조관계 만들기

- 피해학생
  - 따돌림당한 힘든 마음 공감해 주기
  - 따돌림 상황 파악하기
  - 심리적 지지
  - 대처방법 논의

- 담임교사
  - 따돌림 상황 파악하기
  - 따돌림 발견 이후 현재까지의 교사역할 파악
  - 담임교사로서 대처하기 어려운 점 파악하기
  - 상담자의 역할, 상담전략 및 계획 설명하기
  - 교사와 긴밀한 협조관계 만들기

2) 진단하기

의뢰자를 통해 연결된 피해학생을 직접 만나 심리적 건강상태와 따돌림 피해수준을 진단한다. 피해자에 대한 진단에 따라 가장 적절한 상담 및 교육 등을 진행할 수 있기 때문이다. 이를 위해 따돌림 체크리스트와 각종 심리검사를 활용한다. 이 과정은 상담이 이미 시작된 단계로 상담자는 수용적이고 따뜻한 태도로 피해학생을 대하며, 이들의 이야기에 귀를 기울인다. 도움을 요청하는 피해학생은 불안, 분노 및 우울 등의 부정적 정서에 사로잡혀 있을 가능성이 많다. 경우에 따라서 어떤 학생은 자폐적 사고와 피해의식 등의 증상을 보이며 자기표현이 서툴고 원활한 의사소통조차 어려워할 수도 있다. 이런 청소년의 특성은 상담자와 쉽게 라포 형성을 하기 어렵게 만들고, 상담자에게 부담으로 작용될 수 있다. 낮은 지능이나 정신적 장애 등의 어려움을 가진 청소년의 경우는 특별한 관심과 배려를 가지고 이들이 어려워하는 부분을 탐색해야 한다.

가해학생은 자신의 잘못으로 상담을 받게 되었는데도 상담 자체를 처벌로 받아들이는 경우가 대부분이며, 상담에 대한 기대를 갖지 못하고 따돌림 상황에 대해서도 나름대로의 불만이나 억울함을 호소하는 경우가 많다. 가해학생의 이러한 마음도 공감해 주면서, 따돌림 행동을 하게 된 심리 내적, 외적 요인들을 탐색해 나간다.

피해 · 가해학생 진단하기

- 피해 · 가해학생 진단하기
  - 피해학생의 경우: 따돌림당하면서 힘들었을 내담자 마음을 공감해 주고 정서적으로 지지해 주기
  - 가해학생의 경우: 상담받게 된 불편한 마음이나 불만, 억울함 등을 공감하고 수용해 주기
  - 따돌림 상황 정확하게 파악하기: 체크리스트 활용
  - 따돌림 증거 자료를 확보하기

3. 상담전문가의 역할 | 111

　-심리상태(사고, 인지, 행동) 파악하기: 심리검사 활용
　-과거 대인관계 패턴 파악하기
　-가정환경 파악하기
　-자원 찾기
　-상담과정에서 의사소통이 원활한지 살피기

• 따돌림 상황 파악을 위한 점검 내용들
　-따돌림 유형: 욕을 한다, 의도적으로 소외시킨다, 놀린다
　　(별명 부르기, 면박 주기, 핀잔주기), 물건이나 신체를 건
　　드린다, 시비를 걸거나 위협한다, 심한 장난을 한다, 때린
　　다 등의 폭력
　-따돌림 빈도: 매일, 2~3일에 한 번, 1주일에 1~2회, 한 달
　　에 1~2회
　-가해학생 특징 및 숫자
　-따돌림 원인 및 이유
　-따돌림 상황에 대한 피해 정도
　-폭력 수준, 피해자의 정서상태 및 호소 내용 등

• 심리검사 활용
　다면적 인성검사(MMPI), 문장완성검사(SCT), 성격검사, 집/
나무/사람 검사(HTP), 동작성 가족화(KFD) 등이 있고, 내담
자에 따라 지능검사 활용 가능

피해학생 부모 면담

- 피해학생 부모로서의 분노, 당황스러운 감정 공감하기
- 피해학생의 성장배경 및 대인관계 패턴 파악하기
- 피해학생의 가정환경 파악하기
- 피해학생 상담에 대한 개략적인 안내하기
- 부모와 긴밀한 협조관계 만들기

---

3) 개입하기

피해학생 및 가해학생의 면담을 통해 문제의 원인과 심리상태를 잘 파악한 다음에는 이들의 자원을 활용한 상담전략을 세운다. 상담방법은 개인상담 또는 집단상담(따돌림 피해학생을 위한 집단상담, 따돌림 가해학생을 위한 집단상담)이 될 수 있고, 필요한 경우 병원에 의뢰하거나 약물치료를 병행할지를 판단한다. 이때 의사소통이 원활하지 못하거나 정신적 장애를 가진 경우는 바로 집단상담에 참여시키지 않도록 유의한다. 이런 학생들에게는 먼저 개인상담, 부모상담 및 교육 또는 병원치료가 제공되어야 하며, 추후 경과를 지켜보면서 집단상담 같은 방법을 제공할 수 있다.

상담자들이 언제나 유의해야 할 점은 대부분의 피해학생들은 따돌림 문제로 매일 매일의 학교생활을 힘겹게 해 나간다

는 사실을 아는 것이다. 이런 상황은 청소년 내담자에게 극히 위험한 위기 상황이므로 위기상담 차원의 개입 또한 필요하다.

(1) 개인상담

① 피해학생 상담

피해학생은 불안, 우울 및 분노 등의 부정적 정서를 가지고 있으며, 자기 패배적이고 자기중심적인 사고를 하는 경우가 많다. 이런 피해학생들에게는 무엇보다 지치고 힘든 마음을 충분히 공감해 주고 문제를 함께 해결해 나갈 수 있다는 정서적 지지가 필요하다. 또래들에게 배척을 받은 경험은 청소년기에 심리적 충격과 상처로 남게 된다. 이를 치유하기 위해서 먼저 피해학생들이 가지고 있는 분노를 충분히 안전하게 표현할 수 있도록 격려하는 것이 필요하다. 한 상담자와의 안전한 상담관계를 통해 수용적이고 건강한 대인관계를 체험할 수 있도록 한다. 그런 다음에 따돌림을 받게 된 이유와 원인을 파악하고 이에 대한 대처 방안들을 모색하고 훈련해 나간다. 상담자와 신뢰할 수 있는 관계 속에서 자신의 부족한 모습과 건강한 자원들을 찾아내다 보면 서서히 자신감을 회복할 수 있다.

피해학생 개인상담 과정

- 초기: 신뢰할 만하고 안정된 상담관계 만들기
  - 따돌림에 따른 분노, 우울 및 불안 등을 표현하게 하고 깊은 공감하기
  - 피해학생의 호소문제 및 욕구를 파악하고 함께 상담목표 세우기
  - 상담 구조화하기

- 중기: 따돌림 유발행동에 대한 대처 방안 모색하기
  - 따돌림 행동의 이유 및 내담자 특성 탐색하기
  - 사회기술 훈련하기
  - 성공 경험과 장점을 부각시키고 작은 변화 격려하기

- 종결기: 새로운 대안행동 격려하기, 상담 마무리

따돌림 피해 유형별 상담전략

- 수동적 피해자(Passive victims): 유약하고 자기주장을 못하는 유형으로 무기력하고 복종적임
  - 작은 긍정적 변화에도 격려와 지지반응이 필요
  - 자기인식 돕기: 또래관계나 따돌림 상황에서 어떻게 소극적으로 대처하는지 구체적으로 상황을 재연하게 하고 역

할 바꾸기를 해 보기
- 침묵, 회피, 울기, 묵인하는 태도 등을 대처할 수 있는 대안행동 모색하기(예를 들어, 따돌림 상황에서 목소리 조금 높이기, 할 말 해 보기, 시선 맞추기 등)
- 자신의 장점 및 자원 발견하기
- 의사소통 훈련

• **도발적 피해자**(Provocative victims): 잘난 척하고 타인을 무시하며 공격적이고 산만한 유형
- 자기인식 돕기: 내담자의 행동을 돌아볼 수 있도록 상황을 재연하고 역할 바꾸기를 통해 다른 친구들의 감정을 느껴 보게 하기
- 소리 지르기, 때리기, 욕하기 등 부적절한 행동을 대처할 수 있는 대안행동 모색하기
- 분노 조절하기, 의사소통 훈련

• **가해-피해학생**: 자신이 피해당한 것을 타인에게 가해를 통해 위로를 삼는 경우
- 자기인식 돕기: 따돌림당할 때와 다른 친구들을 따돌릴 때 자기 심정 인식하기, 이중역할에서 오는 괴리감, 죄책감, 불안감 지각하기
- 의사소통 훈련, 자기주장 훈련 필요

② **가해학생 상담**

가해학생들은 공감능력과 타인에 대한 배려가 낮으며 충동

성, 공격성 등을 가지고 있다. 가해 행동에 대한 죄책감도 잘 느끼지 못하는 경우가 많다. 그래서 자신이 따돌림을 주도하였음에도 불구하고 그 자체를 부인하거나 축소시키려는 태도를 가진다. 특히 신체적인 폭력이 없는 따돌림은 정서적인 폭력이라는 인식이 거의 없는 경우가 많아 단순히 '장난'으로 여기기도 하며, 가해학생이 집단인 경우 개인의 행동에 대해 책임감을 약화시키기도 한다. 가해학생에게는 따돌림 행동의 비정당성을 인식시키고 피해학생의 피해 상황과 정서적 충격을 이해하도록 하는 개입이 필요하다. 하지만 일방적인 훈계나 평가, 비난 등은 내담자의 마음을 열지 못하게 하고, 상담에 대한 동기를 더 떨어뜨릴 수 있다. 따라서 가해학생도 상담을 필요로 하는 내담자로 인식하고 그들의 감정과 사고에 대해 경청하고 필요한 부분은 공감하면서 상담관계를 수립할 필요가 있다. 나아가 자신의 행동의 원인과 패턴을 탐색해 보고 폭력적인 욕구 충족 방식에 대한 대안을 찾도록 도와야 한다.

가해학생 개인상담 과정

- **초기**: 신뢰할 만하고 안정된 상담관계 만들기
  - 따돌림 문제와 관련된 내담자의 감정 및 생각을 표현할 수 있게 하고 공감하기

- 가해학생의 욕구 및 상담동기를 격려하여 함께 상담목표
  세우기
- 상담 구조화하기

• **중기**: 따돌림 행동에 대한 대처 방안 모색하기
  - 따돌림 행동을 하게 된 이유 및 내담자 특성 탐색하기
  - 피해학생 입장 이해하기
  - 대안행동 모색하고 시도하기, 사회기술 훈련하기
  - 작은 변화 격려하기

• **종결기**: 새로운 대안행동 격려하기, 상담 마무리

(2) 집단상담

따돌림 피해학생과 가해학생은 집단상담을 통해 자신들의 대인관계 문제를 또래집단 속에서 드러내며 직접적인 피드백과 격려를 통해 도움을 받을 수 있다. 이들은 개인상담으로 위기 상황을 넘긴 후 집단상담에 참여할 수도 있으며 때로는 처음부터 개인상담과 병행할 수도 있다. 집단상담자와 개인상담자가 다를 경우는 피해학생 또는 가해학생에 대한 정보를 공유하며 긴밀하게 협조해야 한다.

따돌림 피해학생과 가해학생에 대한 집단상담 기획

- **모집 방법**: 외부공지(홈페이지 및 안내문) 후 개별 모집, 학교와의 연계를 통한 그룹 모집
- **집단원 구성 과정**: 집단 시작 전 지원자들을 대상으로 개별 면접을 실시하고 집단 참여의 가능 여부 판단하기(진단하기 참조)
- **진행시기**
  - 방학 중 4~5일 집중 프로그램(폐쇄집단)
  - 학기 중 주 1회 3~4개월 프로그램(폐쇄집단, 개방집단 가능)
- **대상인원**: 10명 내외
- **상담자**: 리더 1명, 보조리더 1명
- **내용(부록 참조)**: 따돌림 상황 파악하기, 자기인식하기, 사회기술 훈련(의사소통, 자기표현, 분노조절)

---

(3) 학부모 면담하기

다른 청소년 문제와 마찬가지로 따돌림 문제도 학부모의 지지와 관심이 중요한 역할을 한다. 그러므로 학부모와의 면담 내용을 참조하여 상담을 진행하거나 간단한 부모교육을 할 필요가 있다. 따돌림 문제는 부모의 자녀양육 방식과 관련이 크기 때문에 문제의 근본적인 해결을 위해서는 부모의 도움이 필요하다. 먼저 피해학생 부모의 경우 피해학생의 현재 상태

를 잘 이해시키고 극복할 수 있도록 돕는다. 자신의 자녀가 따돌림의 희생자가 되었다는 데 대한 죄책감과 분노감으로 부모 자신이 매우 힘들어할 수 있으므로, 이런 부모의 감정을 공감하고 이해하는 과정이 있어야 한다. 가해학생 부모의 경우도 가해학생의 폭력적 행동에 대한 이유를 잘 파악하게 하여 부모가 도와줄 수 있는 영역을 찾도록 한다. 부부문제의 여부, 바람직하지 않은 부모와 자녀 간의 관계양식 등을 함께 검토하고, 부모의 문제가 자녀의 행동양식에 영향을 미칠 수 있다는 사실에 대해서도 논의한다. 부모 자신들의 문제나 자녀 지도방법이 자녀 문제와 많은 연관이 있다는 점을 인식하면 부모교육이나 개인상담을 받을 수 있도록 안내해 준다.

학부모와 면담을 하면서 상담자는 문제해결을 위한 중재를 할 수도 있다. 정확한 법률 지식을 갖고, 교육적인 합의가 이루어질 수 있도록 부모들을 안내할 수 있는 방법을 알고 있을 필요가 있다.

학부모 면담하기

- 피해학생 또는 가해학생 부모로서 경험하게 되는 감정적 어려움 공감하기
- 학생의 현재 상태와 문제의 원인을 이해하고 지지, 공감하도록 안내

- 구체적인 대화방식 코치
- 필요하다면 부모에게 상담 권유
- 효과적인 자녀양육 태도를 배울 수 있는 부모교육 프로그램 안내 및 참여 권유
- 문제해결을 위한 다양한 대처방법을 논의하고 결과를 예상해 보기
- 피해학생의 경우 문제제기에 필요한 증거 자료를 확보하도록 안내하기
- 감정적으로 동요되어 인터넷에 사건을 공개하거나, 언론에 알리는 등의 행동은 도움이 되지 않음을 알려 주기
- 법률적 자문이 필요한 경우 법률자문기관을 알려 주기

(4) 교사면담 및 자문해 주기

따돌림의 경우 교사의 초기 대응이 중요하다. 담임교사의 철저한 관리하에 따돌림을 조기에 발견하고 피해학생 보호, 가해학생의 따돌림 통제 및 적절한 조치, 전문가 연결 등의 다각적인 접근을 할 수 있다면 사건이 확대되거나 법에 의존하지 않고도 문제를 해결할 수 있다. 이를 위해 상담자는 교사와 협조관계를 유지하여 내담자의 학교생활과 변화를 위한 욕구 등 다양한 정보를 공유한다. 특히 피해학생 및 가해학생에 대한 심리상태를 알려 주고 학생지도에 참조할 수 있도록 한다.

4) 의뢰하기

청소년의 우울증이나 충동조절 등의 문제가 염려된다면 정신과적 진단과 치료를 받을 수 있도록 한다. 각 상담소에서 협력할 수 있는 의료기관과 연계되어 있다면 보다 효율적으로 피해학생에게 도움을 줄 수 있다.

4. 신체적 폭력이 수반된 따돌림 대처방법

다음은 신체적 폭력이 수반된 따돌림에 대한 대처방법에 대한 내용이다. 교사, 전문상담교사 및 상담전문가들이 숙지하고 있어야 할 사항들에 해당한다.

신체적 폭력이 수반된 따돌림 대처방법

- 1단계
  - 피해학생에 대한 공감과 지지
  - 따돌림 상황에 대한 구체적 정황, 이유, 피해 기간, 개인적 특성 파악
  - 피해학생의 심리적, 신체적 피해 상황 파악하기

- 2단계
  - 피해 사실에 대한 증거 자료 확보(이메일, 일기장, 낙서 메모지, 육하원칙에 따른 정황 묘사, 병원 진단서, 치료영수

증 등)

−피해 상황에 따라 병원 및 전문상담자에게 연결

• 3단계

−가해학생에 대한 문제제기

−학교에 증거 자료 제시하고 도움 요청

−학교에 가해학생에 대한 처벌 요청

−경찰신고

−민사소송

※ 3단계에서 중재 개입 필요

• 사건의 내용이 경미하거나 단순한 경우 → 사과, 화해, 치료비 합의(담임교사, 생활부장교사 주도하에)

• 피해 사실이 중대할 경우 → 각서, 공개사과, 치료비 합의 가해학생 봉사 및 치료상담(자치위원회 주도하에)

• 사건이 심각할 때(예: 심각한 장애, 살인)는 대체로 과중한 치료비와 형사, 민사적 제기 요소가 많아 현실적으로 중재가 어려움

예) 중재가 어려운 경우: 피해학생 측 입장과 가해학생 측 입장 간에 차가 클 때

−피해학생 측 입장: 처벌을 원하는 경우, 치료비를 원하는 경우, 사과를 원하는 경우, 재발 방지를 원하는 경우, 전학을 원하는 경우, 기타

−가해학생 측 입장: 피해학생 측 주장 불인정(장난, 우연), 저소득층이라 치료비 미지불, '배 째라' 식의 자포자기, 사법절차 따름

학교폭력 단계별 대처

• 1단계: 문제발생 후 초기 대처, 경미한 피해
  - 가해학생과 피해학생을 각각 나누어 개인상담
  - 가해학생/피해학생 모두 친구관계 향상을 위한 전문집단 상담 참여
  - 피해학생의 친구 찾아 주기, 자기주장 훈련하기
  - 담임교사는 따돌림의 원인을 잘 파악하여 적절한 방법으로 대처
  [단순 오해의 경우]
  담임의 중재하에 피해학생, 가해학생 개별상담 → 사과, 화해, 관계 개선
  [피해학생/가해학생의 성격 및 신체적 특성]
  가해학생 제재 → 피해/가해학생 부모에게 알리고 협조 요청 → 가해학생 처벌/피해학생 보호 조치

• 2단계: 초기 대처 이후에도 지속적인 재발, 피해학생의 피해가 심각한 경우
  - 자치위원회 소집
  - 자치위원회 규정에 따른 피해학생 보호, 가해학생 처벌

• 3단계: 경찰신고
  - 교육적인 차원에서 해결되지 않는 경우
  - 피해 사실에 대한 증거 자료 확보
  - 형사처분의 가능성

- 4단계: 민사소송
  - 피해자의 정신적 피해에도 불구하고 형사법적 처벌이 없거나 치료비에 대한 보상이 없는 경우
  - 정신적 피해 감정, 피해 보상비 청구

3

**따돌림 피해
청소년을 위한
집단상담 프로그램**

이 장에서는 따돌림 피해 청소년을 위한 집단상담 프로그램을 예시하였는데, 특히 전문상담교사나 상담전문가들이 활용할 수 있는 내용을 선별하였다. 본 프로그램은 저자들이 실제 따돌림 피해 청소년들을 대상으로 상담 장면에서 실시해 보고, 학생들의 반응이 양호하고 따돌림 문제를 효과적으로 다루는 데 도움이 된 내용들을 포함시켰다. 프로그램 내용은 집단상담 단계에 따라 실시할 수 있는 부분으로 구분하고, 구체적인 내용은 대상 청소년이나 상황에 따라 선별적으로 추출하여 활용 가능할 것이다.

1. 프로그램 명

• 따돌림 피해 청소년을 위한 집단상담 프로그램

2. 프로그램 대상 및 진행자

- 대상: 따돌림을 당하는 청소년 7~8명
- 진행자: 리더 1명, 보조리더 1명

※ 참고사항
- 따돌림을 호소하는 청소년 중에서 심각한 지적 능력의 결손이나 정신과적 진단을 받은 청소년들은 제외
- 지도자가 개별적인 관심을 갖고, 충분한 훈련과 체험이 될 수 있기 위해 너무 많은 인원수는 제한하는 것이 좋음

3. 프로그램 목적

첫째, 또래들로부터 따돌림을 당하는 청소년들에게 자신을 전체적인 시각에서 조망하게 하고, 자신의 잠재적인 능력을 발견 및 수용할 수 있도록 하여 자기가치감을 갖도록 돕는다.

둘째, 따돌림 현상과 관련한 자신과 타인에 대한 행동양식의 검토를 통해 객관적인 자기인식을 하도록 돕는다.

셋째, 또래관계에서 요구되는 적절한 사회기술을 습득하게 하여 대인관계 능력 및 학교생활의 적응력 향상에 기여한다.

4. 프로그램의 목표

첫째, 따돌림 상황에서 겪어 온 부정적 정서 표현과 감정 정화

둘째, 또래관계 및 대인관계에 대한 객관적인 자기인식

셋째, 따돌림 상황에서의 바람직한 대안행동과 사회기술 배우기

넷째, 자신감 회복 및 소속의 욕구 충족

5. 진행방법

• 학기 중에는 주 1~2회, 방학 중에는 매일 실시(총 회기: 10~12회기)

6. 단계별 프로그램

집단상담 전체는 크게 '도입' '자기인식' '문제해결과정' '마무리'의 네 단계로 나뉜다. 리더가 프로그램을 진행할 때는 각 단계의 흐름을 따르되, 내담자들의 상태를 고려하여 프로그램을 생략하거나 변형할 수 있다. 예를 들어, 전체 회기 시간을 충분히 확보할 수 없다면 문제해결과정 익히기 단계에서는 세 단계 중 첫 번째인 '이럴 땐 어떻게 해야 할까?'나 두 번째인 '친구들과 친해지려면' 중 하나만 진행할 수도 있다. 이때는 참가자들의 분위기와 대인관계 기술 등을 고려하는 것이 좋다. 또

워밍업 프로그램은 대인관계가 어렵고 표현력이 떨어지는 참
가자들의 긴장을 풀어 주고, 집단상담에 대한 참여를 높이는
역할을 할 수 있으며, 각 단계에 맞는 다양한 프로그램 중 선별
하여 사용하면 된다.

1) 도입

📖 목표

친밀감 형성 / 오리엔테이션 / 자기개방 / 참여동기 가지기

📖 주요사항

대부분의 참가자들은 서로의 만남을 매우 어색해하고 불
편해할 것이다. 특히 자신이 '잘난 척'한다는 이유로 교사가
의뢰하여 따돌림집단에 들어오게 된 경우는 프로그램에 대
한 저항이 매우 심할 수도 있다. 더구나 학교 현장에서 집
단상담을 실시할 때는 '공인된' 따돌림받는 아이가 된 것 같
은 느낌을 줄 수가 있어 더욱더 집단에 몰입하지 못하고 경
계할 수 있다. 먼저 리더는 참가자들의 저항이나 부정적인
마음들을 집단상담 초기에 표출할 수 있도록 돕는다. 이
때 초점을 둘 것은 집단원의 마음을 수용해 주고 공감해
줌으로써 집단상담에 대한 부정적 선입견을 긍정적으로
바꾸도록 한다. 이런 과정이 잘 이루어지면 집단원들이
집단상담에 자신의 목표를 가지고 자발적으로 참여할 수
있게 된다.

〈표 4〉 따돌림 피해 청소년을 위한 집단상담 프로그램

구분	제 목	목 적	내 용	워밍업 프로그램
도입	만나기	• 프로그램의 목적, 성격, 진행방식을 파악한다. • 편안하고 안전한 분위기에서 자기를 소개하고 친밀감을 느낀다. • 참여동기를 가지도록 한다.	• 프로그램 소개 • 자기소개 • 우리의 약속	• 띠 만들기
자기 인식	나의 친구 관계	• 전반적인 대인관계 패턴과 수준을 인식한다.	• 생애도표 그리기 • 관계 만들기 수준 알기 • 대인관계 지도 그리기	• 바뀐 점 찾기 • 오늘의 기분 • 기분 그리기 • 꼬인 손 풀기 • 이웃을 사랑하십니까?
	무엇이 문제일까?	• 자신의 따돌림 상황을 떠올려 보고 감정을 표현한다. • 따돌림 상황을 구체화하여 원인을 파악한다.	• 친구관계의 여러 모습들	
문제 해결 과정 익히 기	이럴 땐 어떻게 해야 할까?	• 드라마를 통해 따돌림 상황을 재연하고 대안을 모색한다. • 역할 바꾸기를 통해 친구들의 감정을 공감한다.	• 드라마 만들기 • 따돌림 상황 극복하기	
	친구들과 친해지려면	• 경청, 공감, 자기표현에 대한 이해를 높이고 사회적 기술을 습득한다.	• 잘 들어주기(바람직한 경청 태도) • 감정 다루기 • 잘 표현하기(공감 표현 3단계) • '나 전달법' 배우기	
	친구들과 친해지고 싶어요	• 갈등상황을 극복하기 위한 다양한 대안들을 모색, 계획해 본다.	• 기적 체험하기 • 새로 찾은 방법 • 이렇게 할래요 • 도움 주는 관계 찾기	
마 무 리	친구와 함께하기	• 집단 속에서 수용되는 경험을 통해 관계의 소중함을 직접 체험하도록 한다.	• 우정 만들기 • 친구 힘 북돋아 주기 • 마음 선물하기	• 오늘의 기분 • 마음 선물 하기 • 신뢰게임
	새롭게 출발하기	• 자신감, 장점 및 가능성 찾기 • 프로그램을 통해 배운 것과 실천할 것 다짐하기 • 프로그램 평가 및 소감 나누기	• 나 사랑하기 • 나의 다짐 • 소감 나누기	

도입단계 프로그램 내용
(1) 프로그램 오리엔테이션
(2) 자기소개 – 별칭 짓기
(3) 집단규칙 정하기
(4) 워밍업 – 띠 만들기

(1) 프로그램 오리엔테이션

📖 목표: 집단상담의 목적에 대해 알려 주고, 기대를 가지고 적극적으로 참여할 수 있도록 한다.

📖 준비물: 워크북

📖 진행방법

① 집단에 참여하게 된 동기를 집단원 모두에게 간략하게 들어본다.

② 집단원들의 동기와 집단상담의 목적과 필요성을 연결시켜 소개한다.

③ 집단상담의 특성, 참여방법 및 전체적인 진행에 대해 알려 준다.

〈활동자료 1〉

▷ 프로그램 목적은

• 자신의 모습을 객관적으로 새롭게 바라보는 것입니다.
• 친구관계를 잘 맺기 위한 방법을 배우는 것입니다.
• 자신과 친구들을 더 잘 이해하고 사랑하게 되는 것입니다.

프로그램 소개(리더 활용자료)

▷ 프로그램의 목적을 이루기 위해

• 서로 진정한 친구가 되기를 직접 해 보기
내 이야기를 해 보고, 다른 사람의 이야기를 들어 보고, 다른 사람에 대해 생각해 보게 한다.

• 이곳은 실험의 장이다
그동안 친구관계에서 내가 잘해 보고 싶은데 두려워서 못한 것, 친구한테 화가 나는데 표현 못한 것, 그동안 내가 스트레스를 받았는데 표현 못해 본 것, 내가 이렇게 보일 거다 생각했는데 확인받지 못했던 것 등을 실험적으로 표현해 본다.

• 이곳은 나를 사랑하는 법을 배우는 곳이다
내 감정이 일어나면 '왜 이런 게 일어나지?' 하고 나 자신을 괴롭히는 게 아니라, '나는 현재 ~ 이렇다.'고 표현해 본다. 화나는 감정이 일어나면 내가 상처받은 것이고, 슬픈 감정이 일어나면 달래 주라는 신호이고, 짜증이 나면 내가 답답하고 시원해져야 한다는 것이다. 나의 모든 감정 하나하나를 소중하게 생각해 보는 것이 나를 사랑하는 것이다.

(2) 자기소개-별칭 짓기

📖 **목표**: 자기소개를 통해 자기이해, 수용 및 개방하는 경험을 하고, 집단원 간의 친밀감을 발달시킨다.

📖 **준비물**: 워크북, 크레파스, 명찰

📖 **진행방법**

① 자신을 잘 나타내는 별칭 또는 다른 사람들에게 보이고 싶은 별칭을 짓도록 한다.

② 자신의 별칭을 말하면서 왜 이런 별칭을 만들었는지 설명하도록 한다.

③ 전체 과정을 통해 자신과 다른 친구들에 대해 느낀 것이나 깨달음에 대해 경험을 나눈다.

〈활동자료 2〉

자기소개

▷ 친구들에게 자신을 소개해 봅시다. 조금 쑥스럽기도 하고 떨리기도 하겠지만 조금만 용기를 낸다면 좋은 친구들을 만날 수 있습니다.

- 나의 별칭은 (   )입니다.
- 내가 좋아하는 것은
- 내가 제일 듣고 싶은 말
- 내가 제일 듣기 싫은 말
- 나의 꿈 또는 장래희망은?
- 집단에 참여하게 된 동기는?
- 현재 드는 느낌은?

(3) 집단규칙 정하기

📖 **목표**: 집단상담의 진행을 위해 지켜야 하는 최소한의 규칙을 집단원들과 함께 정하고 자발적으로 참여할 수 있도록 한다.

📖 **준비물**: 워크북

📖 **진행방법**

① 집단에서 규칙의 필요성을 간략히 설명하고, 집단원들이 먼저 지켜야 할 사항을 자발적으로 이야기하도록 한다.

② 이야기된 규칙 외에 필요한 규칙이 있다면 첨가해서 '우리의 약속'을 만든다.

③ 날짜와 서명을 해서 참여의식을 가지도록 한다.

〈활동자료 3〉

집단규칙 정하기

우리의 약속

우리의 만남은 새로운 출발을 위한 중요한 모임입니다. 그러기 위해 우리는 현재의 솔직한 자신의 모습과 친구들의 모습을 보게 될 것입니다. 친구들의 모습에 관심이 생기기도 하고 새로운 모습을 발견해 기쁘기도 하겠지만 때로는 친구에게 실망하고 화가 나는 일이 생길 수도 있습니다. 그러나 이 모임을 통해 더 나은 자신의 모습과 새로운 가능성을 만날 것입니다. 보람 있고 즐거운 만남이 되기 위해 서로를 존중하고 도와줄 수 있는 우리의 약속을 정해 봅시다.

▷ **자신의 바람을 하나씩 말해 봅시다.**

1. 내 마음에 있는 생각이나 느낌을 솔직하게 표현합니다.

2. 친구들이 하는 말을 비판이나 편견 없이 있는 그대로 듣습니다.

3. 여기서 나눈 이야기는 절대로 밖에서 하지 않습니다.

위 약속을 반드시 지키겠습니다.
20 년 월 일

이름: _____

(4) 워밍업-띠 만들기

🔖 **목표:** 집단원의 긍정적 자원을 활용해 심리적 안정감을 높이고, 편안한 마음으로 참여하도록 한다.

🔖 **준비물:** 집단 인원수에 맞는 수건이나 긴 끈

🔖 **진행방법**

① 리더가 집단원들에게 수건을 하나씩 나눠 준다.

② 리더는 집단원들에게 수건이 각자에게 의미 있고 그들을 지지하는 중요한 그 무엇이라 설명하고 각자 그것이 무엇인지, 누구인지를 생각하게 한다.

③ 정해졌으면 돌아가면서 수건의 의미를 다른 집단원들에게 설명하도록 한다.

④ 돌아가면서 다 이야기를 마치고 난 후, 리더는 수건을 가지고 최대한 큰 원을 만들게 한다.

⑤ 모두를 지지하고 격려하는 큰 원 속에 들어가 회기 내용을 계속 진행한다.

2) 자기인식

📖 **목표:** 자신의 대인관계 문제 인식, 따돌림 상황 인식 및 원인 파악, 이에 따른 감정 표현

📖 **주요사항:** 내담자들은 막연히 자신이 처한 어려운 상황만을 지각하고 힘들어할 가능성이 큰 만큼, 여러 가지 방법으로 자신의 사회적 관계들을 검토하고 또래관계에서 문제가 되고 있는 면을 인식하게 한다. 이런 작업을 통해 내담자가 가지고 있는 특성, 즉 수동적인 면, 공격적인 면, 이기적인 면 등을 확인할 수 있을 것이다. 또 참가자들에게 찰흙놀이를 통해 자신의 따돌림 상황을 구체적으로 탐색해 보고, 그때의 감정을 충분히 표현할 수 있게 한다. 이때 리더는 따돌림의 원인이나 대처 방식 등을 파악하고, 앞으로 집단상담을 어떤 방향으로 이끌고 가야 하는지에 전략을 가져야 한다. 이를 위해 충분한 활동이 되도록 힘쓴다.

자기인식 단계 프로그램 내용

(1) 생애도표 그리기

(2) 관계 만들기의 수준 알기

(3) 대인관계 지도 그리기

(4) 따돌림 상황 재연하기-찰흙으로 만들기

(5) 워밍업-친해지기 / 바뀐 점 찾기 / 오늘의 기분

(1) 생애도표 그리기

📖 **목적**: 또래관계의 성공 경험과 실패 경험을 돌아보면서 자신의 대인관계에 대한 전반적인 통찰을 한다.

📖 **준비물**: 워크북

📖 **진행방법**

① 각자 워크북에 자신의 또래관계 역사를 그래프로 그려 본다.

② 돌아가며 자신의 그래프를 보여 주고 자기 자신의 모습을 설명한다.

③ 다른 집단원들과 서로 비교해 보고, 피드백을 해 준다.

〈활동자료 4〉

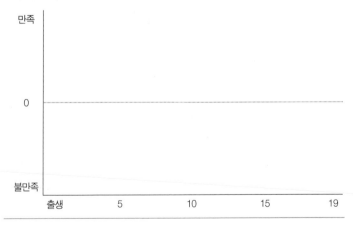

생애도표 그리기

우리는 지금까지 살아오면서 뛸 듯이 기뻤던 좋은 추억도 있고, 깊은 좌절과 슬픔을 느낀 적도 있습니다. 그런 자신의 과거를 가만히 돌아봅시다. 그리고 그것을 그래프로 표현해 보고, 그 이유도 적어 봅시다.

(2) 관계 만들기의 수준 알기

🔖 목적: 또래관계에서 필요한 능력을 점검하고, 자신이 지향할 구체적인 목표를 갖는다.

🔖 준비물: 워크북

🔖 진행방법

① 각자 워크북에 자신의 관계 만들기의 수준을 영역별로 점수를 매겨 본다.

② 돌아가며 자신의 그래프를 보여 주고 자기자신의 모습을 설명한다.

③ 다른 집단원들과 서로 비교해 보고, 피드백을 해 준다.

〈활동자료 5〉

관계 만들기의 수준 알기

▷ 나의 관계 만들기의 수준은?

현재의 내 모습은 실선으로 (_____)
내가 원하는 모습은 점선으로 (..................................) 그래프를 그려 봅시다.

1. 친구들의 이야기를 잘 들어준다.

2. 친구들에게 내 이야기를 잘 하는 편이다.

3. 친구들의 어려운 일을 잘 도 와준다.

4. 친구에게 부탁할 일이 있을 때 잘 요청하는 편이다.

5. 친구의 조언을 잘 받아들인다.

6. 친구들의 관심사가 무엇인지 알고 있다.

7. 내가 관심 있는 일을 친구와 나누는 편이다.

8. 친구와 같이하는 활동을 좋아 한다.

9. 나는 용모가 단정하다.

```
0   10  20  30  40  50  60  70  80  90  100
```

(3) 대인관계 지도 그리기

📖 목적: 자신의 대인관계망을 살펴보고 대인관계의 특징을 이해한다.

📖 준비물: 워크북, 크레파스 또는 색연필

📖 진행방법

① 각자 워크북에 대인관계 지도를 그리고 돌아가며 발표한다.

② 다른 집단원들과 서로 비교해 보고, 피드백을 해 준다.

〈활동자료 6〉

대인관계 지도 그리기

▷ 나와 주변 사람들과의 관계를 지도로 그려 봅시다.

1. 현재 내가 알고 지내는(알고 지내던) 사람들을 머릿속에 떠올려 봅시다.
   예: 친구(동성 친구, 이성 친구), 선생님(학교, 과외), 가족, 친척, 이웃 등
2. 생각난 사람들을 가깝고 멀게 느껴지는 정도에 따라 지도상의 거리를 염두에 두고 나타내 봅시다.
   예: 심리적으로 가깝게 느껴지는 사람-나에게서 아주 가깝게
   심리적으로 그저 그렇게 느껴지는 사람-나에게서 조금 떨어지게
   심리적으로 멀게 느껴지는 사람-나에게서 멀게
3. 각 사람들과 나와의 관계를 동그라미와 선으로 표시해 봅시다.
   예: 가까운 관계(서로 믿고 속마음을 말하는 관계)-
   지나치게 가까운 관계(지나친 간섭으로 귀찮은 관계)-
   다투는 관계-
   연락 안 하는 관계-

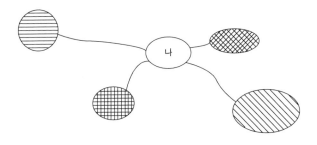

▷ 나의 대인관계 지도

(4) 따돌림 상황 재연하기 – 찰흙으로 만들기

📖 목적: 자신의 따돌림 상황을 찰흙으로 표현해 봄으로써 자신이 처해 있는 입장을 구체적으로 재체험하게 한다.

📖 준비물: 찰흙, 신문지, 음악 CD, 카세트

📖 진행방법

① 음악을 잔잔히 틀어서 편안한 분위기를 만들고 놀이로 인식하여 자신의 따돌림 상황을 자유롭게 표현할 수 있도록 유도한다.

② 자신의 찰흙작품을 소개하고 그때의 힘들었던 감정들을 표현하게 한다.

③ 집단원들 간에 상황을 구체화할 수 있는 질문을 하거나 공감해 주는 피드백을 하도록 한다.

〈활동자료 7〉

친구관계의 여러 모습들

찰흙은 여러분의 마음입니다. 그 마음은 여러분이 어떻게 만드느냐에 따라 여러 가지 모습으로 바뀔 수 있습니다. 여러분이 친구관계에서 어려움을 느끼는 상황에 대해 솔직하고 자유롭게 표현해 봅시다. 지금은 그 모양이 어떻든 찰흙은 여러분의 손을 통해 또 다른 모습으로 바뀔 수도 있습니다. 바로 그 모습은 지금 나의 상황에 대한 정확한 이해를 통해 가능합니다. 지금 나는 어떤 상황인가요?

(5) 워밍업 1-바뀐 점 찾기

🔖 목적: 집단원 간의 유대감과 집단의 응집력을 높인다.

🔖 진행방법

① 집단을 팀별로 나눈다. 서로 마주보게 하고 먼저 술래가 되는 팀과 바뀐 점을 맞히는 팀으로 나눈다.

② 술래가 되는 팀에게 2분 정도의 시간을 주어 자신들의 모습 중 어느 것을 바꿀지 이야기를 나누도록 한다. 문제를 맞히는 팀에게는 상의하는 내용이 들리지 않도록 주의시킨다. 3~4개 정도의 바꿀 것들을 미리 정한 후 바뀌기 전의 모습을 먼저 보여 준다. 주어진 시간은 약 1분으로 한다.

③ 시간이 경과하면 술래 팀은 서로 모여 자신들의 모습 중 바꾸고자 계획한 부분을 고친다. 이때 상대팀은 보지 못하도록 등을 돌리고 앉아서 기다린다.

④ 바뀐 부분을 완성하고 나면 상대팀은 등을 다시 돌리고 문제를 맞히기 시작한다. 이때 시간은 1~2분 정도로 제한한다.

⑤ 정답을 확인한 후 상대팀이 술래가 되어 다시 한 번 위와 같은 절차를 거쳐 문제를 푼다. 많이 맞히는 팀에게 상을 주도록 한다.

워밍업 2-오늘의 기분

📖 **목표**: 집단원의 역동을 파악하여 적절한 개입을 할 수 있다.

📖 **진행방법**

① 바닥에 상상의 자가 있다는 것을 가정하게 한다.

② 0~100의 수치가 매겨져 있는데, 0점은 최악의 기분, 100점
   은 최상의 기분을 나타낸다고 알려 준다.

③ 현재의 기분의 위치에 가서 서게 한다. 이때 같은 점수
   에 있는 집단원들은 줄을 맞추어 한 줄로 서게 한다.

④ 리더는 왜 그 점수의 기분을 느끼는지를 물어보고, 이를
   통해 집단의 역동을 짐작한다. 집단원들이 많아 시간이
   오래 걸리는 경우는 그 점수의 맨 앞이나 뒤에 있는 사람
   에게만 질문할 수 있다.

3) 문제해결과정 익히기 단계

📖 **목표**: 따돌림 상황 극복 및 대인관계 증진 기술 모색 및 실습

📖 **주요사항**: 이 단계는 세 부분으로 구분할 수 있는데, 첫째 단
계에서는 따돌림 상황을 드라마로 직접 만들고 연기해 봄
으로써 보다 구체적인 대안을 직접 경험해 본다. 둘째 단계
에서는 효과적인 의사소통에 대한 교육 및 실습을 한다. 셋
째 단계에서는 친구들과 보다 친해지기 위한 계획을 세워
보고 집단 내에서 발표하고 직접 시도해 본다. 이 세 단계
의 과정을 모두 실행해도 좋고, 상황이나 여건에 따라 첫

번째와 두 번째 단계 중 하나만 실시해도 무리는 없다. 문제해결과정에서는 참가자들이 실제 역할연습을 통해 참가자가 보이는 언어적, 비언어적인 특성들을 직접 시연해 보고 관찰해 봄으로써 색다른 경험이 될 수 있도록 해야 한다. 이 활동을 통해 참가자들은 또래관계에서 자신이 어떻게 하고 있는지 직접적으로 피드백을 받게 되어 자신의 상황에 대한 객관적인 인식을 하고, 공감받을 때와 공감해 줄 때의 자신의 모습을 봄으로써 구체적인 체험을 한다.

문제해결과정 익히기 단계 프로그램 내용
(1) 드라마 만들기
(2) 따돌림 상황 극복하기
(3) 잘 들어주기
(4) 잘 표현하기
(5) 나 전달법 배우기
(6) 기적 체험하기
(7) 새로 찾은 방법
(8) 이렇게 할래요
(9) 도움 주는 관계 찾기
(10) 워밍업-기분 그리기 / 꼬인 손 풀기 / 이웃을 사랑하십니까?

(1) 드라마 만들기

📖 **목적:** 따돌림 상황을 재연하고 대안을 찾아본다.

📖 **진행방법**

① 집단원들과 함께 여러 명의 따돌림 상황 중 드라마로 만들어 활용하는 것이 적당한 사례를 한두 가지 고른다.

② 주인공을 정하고 주인공이 나머지 등장인물을 정한다.

③ 갈등상황을 재연하고 출연자들의 소감을 들어본다.

④ 다른 집단원들의 피드백을 받는다. 이때 분노, 외로움 등의 힘든 감정에 대한 공감을 충분히 할 수 있도록 해 준다.

⑤ 다양한 대안을 모색해 보고, 드라마를 수정하여 연출해 본다.

⑥ 출연자들의 소감을 듣고 대안행동이 적절하였는지 집단원 전체가 평가해 본다.

〈활동자료 8〉

드라마 만들기

▷ 친구들의 이야기 중 하나를 골라 드라마로 만들어 봅시다.

• 이 상황에서 어떤 기분이 듭니까?
  - 나는 친구에게 진정으로 무슨 이야기를 하고 싶은가요?
  - 그 친구는 나에게 뭐라고 할까요?
  - 그 친구에게 무슨 말을 듣고 싶은가요?

• 이 상황에서 나는 어떤 생각을 하고 있나요?

• 또 다른 좋은 방법이나 대안은 뭐가 있을까요?

(2) 따돌림 상황 극복하기

📖 목적: 따돌림 상황을 극복할 수 있는 대안을 찾아본다.

📖 진행방법

① 각자 자신의 따돌림 상황을 다시 떠올려 보고 그때의 감정과 하고 싶은 말, 생각 등을 자유롭게 표현하게 한다.

② 대안을 생각해 보고 발표해 본다.

③ 대안에 대해 집단원들이 피드백을 해 준다.

(3) 잘 들어주기

📖 목적: 바람직한 경청태도를 안다.

📖 진행방법

① 집단원 3명을 한 조로 구성해서 말하는 사람, 듣는 사람, 관찰자를 정한다.

② 먼저 한 사람이 이야기를 하면 듣는 사람은 관심을 기울이지 않는 척하는 연기를 한다(약 2~3분). 또 역할을 바꾸어서 해 본다.

③ 역할 연기 후 각자 소감을 발표한다.

④ 바람직한 경청법에 대해 의견을 나누게 한다. 바람직한 경청태도(표정, 시선, 말투, 몸짓, 기타 등등)를 가르치고 정리해 준다.

⑤ 다시 3명이 한 조가 되어 바람직한 경청태도로 실습을 하고 소감을 나눈다.

〈활동자료 9〉

바람직한 경청태도

1. 자세는 상대를 향해 약간 기울이고 자연스럽게 마주 앉는다.
2. 온화하고 부드러운 시선으로 쳐다본다.
3. 조용하게 앉아 끝까지 듣는다.
4. 잘 듣고 있다는 반응으로 고개를 끄덕이거나 간단한 언어 반응을 한다.
   ("응~." "그랬구나." "아! 그래?")
5. 잘 이해가 안 되는 부분은 물어보되 중간에 끼어들어 말을 자르지 않는다.
6. 상대방의 말을 자기가 이해한 말로 요약하여 다시 말한다.

〈활동자료 10〉

잘 들어주기

친구와 세 명이 한 조가 됩니다. 한 사람은 말하는 역할, 또 한 사람은 듣는 역할, 나머지 한 사람은 두 친구의 대화 장면을 잘 관찰해 봅시다. 각자의 역할을 돌아가면서 해 보고 느낀 점을 나누어 봅시다.

주제는 '프로그램에 참여하면서 드는 느낌이나 생각'입니다.

	잘 들어주지 않을 때	잘 들어줄 때
말하는 사람 역할		
듣는 사람 역할		
관찰자 역할		

(4) 잘 표현하기

🔖 목적: 공감적 표현의 중요성을 알고 배운다.

🔖 진행방법

① '공감적 표현의 수준 3단계'에 대해 강의한다.

② 두 명이 짝을 지어 한 사람은 자신의 경험을 말하고 한 사람은 공감해 주는 연습을 한다.

③ 자신이 받았던 공감적 표현을 발표하고, 집단원들이 피드백을 준다.

〈활동자료 11〉

공감적 표현 3단계

1단계: 인습적 수준
상대방의 언어, 행동, 감정에 주의를 기울이지 못해 제대로 반응하지 못하거나 핵심을 벗어나 의사소통하는 수준으로 좋은 인간관계를 방해함

2단계: 기본적 수준
상대방의 표면적인 감정은 정확하게 이해하고 반응하므로 기본적이고 일상적인 문제해결이 가능한 수준이지만 보다 내면적인 감정에는 반응하지 못함

3단계: 심층적 수준
상대방이 표현한 감정의 내면적 의미와 그것에 의미를 덧붙여 표현하는 수준으로 일상적인 문제뿐 아니라 마음의 세계를 심화, 확대 발전시킬 수 있음

(5) 나 전달법 배우기

🔖 **목적**: 부정적인 감정이나 생각을 솔직하게 표현하는 방법을 배운다.

🔖 **진행방법**

① 예시를 주고 친구에게 마음을 잘 전달하는 방법을 찾아 보도록 한다.

② 수동적 표현, 공격적 표현, 주장적 표현(나 전달법)을 간단히 강의한다.

③ 두 명이 짝을 지어 나 전달법을 사용해 보도록 한다.

➡ 리더는 따돌림 피해청소년의 특징이 주장적 표현이 결여되거나 자신이나 타인에 대한 공감력 부족이 하나의 원인일 수 있다는 점을 알고 있어야 한다. 참가자 자신이 친구로부터 따돌림받는 상황에서 느끼는 정서를 알게 하여 자신이 이를 어떻게 처리하고 있는지 확인하도록 한다. 즉, 따돌림받는 청소년들 대부분이 부적절한 표현방식이 주로 문제가 되고 있음을 깨닫게 하는 데 중점을 둘 필요가 있다.

〈활동자료 12〉

나 전달법 배우기

▷ 어떻게 말할 것인가?
자신의 감정이나 생각을 표현할 때 타인의 입장을 존중하면서 동시에 자신의 입장을 솔직하고 적절하게 표현하는 것이 필요합니다.

구분	주장적 표현	공격적 표현	수동적 표현
뜻	'나'를 주어로 하여 상대방의 행동에 대한 자신의 생각이나 감정을 표현하는 방식	'너'를 주어로 하여 상대방의 행동을 표현하는 방식	자신이 정작 전달하고 싶은 말을 표현하지 못하거나 문제가 없다는 식의 표현 방식
원리	행동, 영향, 감정을 구체적으로 언급해서 말하는 것 • 문제가 되는 상대방의 행동과 상황을 비난의 의미를 담지 말고 구체적으로 말하기 • 상대방 행동이 자신에게 끼친 영향에 대해 구체적으로 말하기 • 그런 영향 때문에 생긴 감정에 대해 솔직하게 말하기	비판이나 비난조 말투 • 행동보다는 전체의 인격을 비난 • 모든 잘못이 상대방에게 있다는 식의 태도 • 상대방에게 상처가 될 만한 말하기	• 자신의 감정을 무시함 • 상대방의 입장만 배려 • 자신이 하고 싶은 말을 참고 표현하지 않음
예	내 물건을 마치 자기 것처럼 가져가서 쓰는 친구에 대해 "내 형광펜 네가 가져가서 썼니? 아까 수업시간에 필요해서 많이 찾았어. 내 것 쓸 일 있으면 나한테 미리 얘기해 줄래?"	내 물건을 마치 자기 것처럼 가져가서 쓰는 친구에 대해 "야! 참는 것도 한두 번이지 이게 몇 번째냐, 뭐, 넌 내 물건이 네 껀 줄 알아?"	내 물건을 마치 자기 것처럼 가져가서 쓰는 친구에 대해 친구 때문에 화가 나지만 아무렇지도 않은 듯이 그냥 넘어감
결과	• 상대방에게 자신의 입장과 감정을 솔직하게 전달하게 되어 속상하지 않음 • 상대방도 내 말의 의도를 오해하지 않고 받아들일 수 있게 됨 • 문제를 쉽게 해결할 수 있음	• 상대방에게 모든 문제의 원인이 있다는 식의 말로 들리게 할 수 있음 • 상대방에게 방어심리를 갖게 할 수 있음 • 문제를 해결하지 못하고 서로 상처만 받을 가능성이 있음	• 하고 싶은 말을 전달하지 못해 늘 마음이 찜찜함 • 상대방에 대해 미운 마음을 갖게 되어 은연 중에 짜증이나 퉁명스럽게 대할 수 있음 • 문제가 있어도 해결하지 못하고 늘 제자리에 있게 됨

(6) 기적 체험하기

🕮 **목적**: 친구들과 잘 지내는 것에 대한 동기를 가지게 한다.

🕮 **진행방법**

① 잔잔한 음악을 틀고 조용히 눈을 감게 한다.

② 리더는 기적 질문을 하고 집단원들이 친구들과 잘 지내는 생활에 대해 자유롭고 충분히 상상할 수 있도록 해 준다.

③ 소감을 발표한다.

〈활동자료 13〉

기적 체험

▷ **나에게 기적이 일어났다면……**

오늘 이 모임이 끝나고 집으로 가서 잠을 잔다고 상상해 보세요. 잠자는 동안 기적이 일어나 내가 친구관계에서 어려웠던 문제가 극적으로 해결되었습니다. 그리고 아침에 눈을 뜨니 전혀 다른 세상이 된 것을 느낄 수 있었습니다.

• 자, 나는 아침에 일어나서 어떻게 기적이 일어났다는 것을 알 수 있습니까?

• 너무 즐거운 마음으로 학교에 갔습니다.
  누구를 만났나요?

• 친구를 보고 나는 제일 먼저 어떤 행동을 했나요?

• 무슨 말을 했나요?

• 느낌은?

• 나는 쉬는 시간에 무엇을 했나요?

• 점심시간에는 누구와 밥을 먹고 무엇을 했나요?

• 나는 선생님과 무슨 대화를 했나요?

• 집에는 누구랑 같이 왔나요?

• 무엇을 하고 잠자리에 드나요?

• 보람 있는 하루가 다 지나갑니다.
  어떤 마음으로 다시 눈을 감고 꿈나라로 가나요?

(7) 새로 찾은 방법

📖 목적: 프로그램에서 배운 것을 친구관계에서 어떻게 적용할 수 있을지 점검한다.

📖 진행방법

① 선행회기를 통해 배운 따돌림 극복방안 브레인스토밍

② 또래관계에서 필요한 요소에 대한 강의

⇨ 리더는 참가자들에게 경직된 방식의 문제해결력을 지향하고, 따돌림 상황을 극복할 수 있는 다양한 방법이 있음을 알려 준다. 또 참가자들이 새로운 방법을 발견할 때마다 희망찬 격려를 해 주고, 모든 성원들이 공동의 마음으로 자신들의 문제를 해결할 수 있다는 마음가짐을 갖도록 유도해야 한다.

〈활동자료 14〉

새로 찾은 방법

▷ 친구들과 좋은 관계를 맺기 위해서는 여러 가지 방법이 필요합니다. 그동안은 몰라서 사용하지 못했고 혹은 알면서도 용기를 내지 못했습니다. 그러나 지금 나는 새로운 방법과 사실을 배웠습니다. 내가 찾은 새로운 방법은 이런 것입니다.

①

②

③

④

〈활동자료 15〉

또 다른 방법-선배들의 조언: '왕따' 탈출하기

하나. 원인을 파악하고 변신을 시도한다.
－아이들이 따돌리는 원인을 알아보고 내가 고칠 것은 고치고 오해면 빨리 푼다.

둘. 문자 연락을 자주 하고 쪽지도 써서 우정을 표현한다.
－한두 명의 친분이 있는 아이에게 관심을 표현하거나 친해지고 싶은 친구에게 마음을 전한다.

셋. 마음이 넓고 착한 친구와 먼저 사귀기를 시도한다.
－나의 마음을 나누기 좋은 성격 좋은(?) 친구에게 먼저 다가간다.

넷. 나를 괴롭히는 친구에게 당당히 내 주장을 한다.
－자꾸 참으면 더 우습게 보일 수 있다. "나한테 왜 이러는 거지?" 라고 당당하게 내 의사를 표현한다.

다섯. 혼자만 튀려고 하지 말고 분위기를 파악하고 나선다.
－친구도 같이 주목받게 하자.

여섯. 평소에 요즘 유행하는 말이나 유머 시리즈를 많이 알아 둔다.
－친구들이 웃으면 같이 웃을 줄 알아야 한다. 재미있는 얘기하는데 혼자서만 시치미 떼고 있지 말자.

일곱. 친구들의 관심사가 무엇인지 알아 둔다.
－친구들이 어떤 것을 생각하고 행동하는지 평소 눈여겨보고, 친구들과 어울릴 수 있는 기회는 놓치지 않는다.

(8) 이렇게 할래요

📖 **목적**: 새로 학습한 것을 실제 생활에서 어떻게 적용할 수 있을지 상황극을 통해 실연해 본다.

📖 **진행방법**

① 가장 준비도가 높은 성원을 선정하여 상황극을 꾸민다.

② 따돌림 상황을 설정하고 모범적인 해결방안을 발표하도록 한다.

③ 새로운 대안을 실연해 보고, 다 같이 구체적인 행동연습을 실시한다.

⇨ 리더는 따돌림 상황을 극복하는 구체적인 모습을 찾고 시연하게 하는 데 주력해야 하며, 참가자들이 몰입해서 대안행동을 할 수 있도록 지도해야 한다.

〈활동자료 16〉

이렇게 할래요

 ▷ 앞으로 친구관계에서 하고 싶은 행동을 극으로 표현해 봅시다.

(9) 도움 주는 관계 찾기

📖 목적: 자신의 주위에서 지원을 받을 수 있는 사람이나 기관
을 알게 하여 필요 시 즉각적인 도움을 받는다.

📖 진행방법

① 도움받을 수 있는 기관 및 사람 확인하기: 자신의 도움처
를 분명하게 알게 하고, 필요시 활용할 수 있는 방법을
구체적으로 익히도록 한다(〈부록〉 참조).

〈활동자료 17〉

도움을 주는 관계 찾기		
▷ 나를 도와줄 수 있는 사람이나 기관을 찾아봅시다.		
	이름 적기	도움받을 수 있는 일들
친구 및 선후배		
교사		
부모님		
형제		
기관	• 각 학교 상담실 • 청소년전화 1388 • 청소년폭력예방재단 02) 585-9128	• 친구관계 문제 • 학습, 진로 문제 • 학교폭력 문제

(10) 워밍업 1-기분 그리기

📖 목표: 자신의 기분을 민감하게 느껴 본다.

📖 진행방법

① 집단원들에게 종이를 나누어 주고 현재의 감정을 그림으로 표현하게끔 한다.

② 시간을 충분히 제시한 후, 그림을 다 그리면 집단원들에게 자신이 그린 그림을 가지고 자신의 감정과 느낌을 표현한다.

③ 다른 집단원들은 집중하여 들은 후 그들이 느끼는 감정을 전달한다.

④ 한 집단원이 다 마치면 다른 집단원들도 돌아가면서 차례대로 진행한다.

워밍업 2-꼬인 손 풀기

📖 목적: 집단원들 간의 친밀감, 협동심이 생기고 문제해결력과 사고력을 기를 수 있다.

📖 진행방법

① 2인 1조가 되어 서로 손을 엇갈려 잡는다. 반드시 오른손이 왼손 위로 가도록 한다. 잡은 채로 벌려 보았을 때 엇갈린 손이 풀어지면 잘못 잡은 것이다.

② 서로 마주 본 상태에서 손을 떼지 않고 몸과 팔을 움직여 엇갈린 손이 잘 풀어지도록 한다. 손이 약간 꼬일 수도 있다.

③ 짝 활동을 하고 나서는 사람을 늘려 가며 손을 엇갈려 잡은 채 팔과 몸을 움직여 팔이 엇갈리지 않게 풀면서 모든 사람이 마주 볼 수 있도록 한다.

④ 규칙을 찾아내면 집단원 전체가 같이 손을 엇갈려 잡고 활동한다.

⑤ 되도록 말을 적게 하고 몸을 움직여 일정한 규칙을 찾는다.

워밍업 3-이웃을 사랑하십니까?

🔖 **목표** :집단원들의 참여를 높이고 분위기를 전환할 수 있다.

🔖 **준비물**: 의자(인원수보다 하나 적은)

🔖 **진행방법**

① 집단의 수보다 하나 적은 의자에 술래를 제외하고 모두 앉는다.

② 술래는 원 안을 돌다가 한 집단원에 다가가 '당신은 이웃을 사랑하십니까?'라는 질문을 한다. 이 질문을 받은 집단원은 '예'와 '아니요' 둘 중의 하나로만 대답할 수 있다. 질문을 받은 집단원이 '아니요'라고 대답하면, 양 옆에 있던 집단원이 자리를 바꿔 앉아야 한다. 술래는 집단원들이 움직일 때 재빨리 빈자리에 앉아야 하며 앉지 못하는 사람이 술래가 된다. 또한 '당신은 이웃을 사랑하십니까?'라는 질문을 받은 집단원이 '예'라고 답할 경우, 술래는 다시 물어야 한다. '그럼, 어떤 이웃을 사랑하십니까?'라는 질문을 받은 집단원은 집단원들의 공통 특성을

얘기하고 그 특성에 해당되는 집단원들은 자신의 의자에서 일어나 다른 사람의 의자에 가서 앉아야 한다. 역시 이때도 술래는 빈자리에 얼른 앉아야 하며 의자에 못 앉게 되는 사람이 술래가 된다.

③ 자리를 찾지 못한 사람들은 술래가 바로 될 수도 있고, 따로 원 안에 가두었다가 벌칙을 받을 수도 있다.

4) 마무리

📖 **목표:** 자신감 회복 / 변화 의지 다지기 / 평가

📖 **주요사항:** 이 단계에서는 지금까지 배우고 느낀 것을 친구들과 함께 실제로 공동작업에 참여함으로써 다시 한 번 친구들 간에 필요한 배려하기와 존중하기 등을 배우고, 소속감을 느낄 수 있도록 하는 것이 중요하다. 또 종결회기에는 그동안 자신에 대해 새롭게 안 것, 새롭게 익힌 것 등을 최종적으로 잘 정리할 수 있도록 돕는 것이 요청된다. 그렇게 하기 위해서는 참가자들이 자신에 대해 자신감을 갖고, 타인에게 관심을 갖고 격려해 주는 체험이 필요하다.

마지막으로 집단상담의 한계를 알려 주고 앞으로 변화할 수 있다는 의지와 지속적인 노력이 필요함을 강조해야 한다.

> 마무리 단계 프로그램 내용
> (1) 우정 만들기
> (2) 친구 힘 북돋아 주기
> (3) 나의 다짐
> (4) 소감 나누기
> (5) 워밍업 — 오늘의 기분 / 마음 선물하기 / 신뢰게임

(1) 우정 만들기

📖 목적: 협동작업을 통해 또래 집단에 소속된다는 느낌을 경험한다.

📖 준비물: 종이(전지), 잡지, 가위

📖 진행방법

① 서너 명 정도로 조를 나누어 각 조마다 풀과 종이, 잡지, 가위를 나누어 준다.

② '우정'이라는 주제를 주고 다 함께 제공된 종이 위에 잡지 그림을 붙여 주제를 표현하게끔 한다(콜라주 만들기). 이때 도화지를 서너 부분으로 나누어 모두가 작품에 기여하도록 한다.

③ 조별로 발표자가 자신들의 콜라주 작품을 가지고 나와서 그림의 내용을 설명하게 한다.

④ 리더는 집단원들이 그들의 집단역동을 반영하도록 돕는다. 그들은 누가 이 작업에서 리더 역할을 했는지, 다른 집단원들을 조화시키고 동의를 얻었는지, 협동작업을

하면서 어떤 느낌이 들었는지 탐색한다.

⑤ 협동작업을 발표하고 돌아가며 소감을 말하도록 한다.

⇨ 따라서 리더는 협동작업에서 한 사람의 입장이 조를 지
배하지 않도록 세심한 관찰을 하면서 적절한 피드백을
제공할 필요가 있다.

〈활동자료 18〉

우정 만들기

▷ 우정이란 마음을 열고 친구들과 함께할 때 생기는 것입니다.

친구들과 함께 '우정'이라는 주제로 멋진 작품을 만들어 봅시다.

(2) 친구 힘 북돋아 주기

📖 **목적:** 친구의 장점을 발견하고 표현해 줌으로써 친구에게 마음
을 전달하는 방법을 익히고, 친구에게 힘을 주는 체험을 한다.

📖 **진행방법**

① 종이 한 장에 집단원 한 명의 이름을 쓰고, 집단원들이
돌아가며 구체적인 장점을 한두 가지씩 적는다.

② 다 적은 후 자신의 종이를 찾아 읽어 보게 한다.

③ 자신이 생각한 장점을 한두 개 더 쓰게 한다.

④ 돌아가며 자신의 장점을 발표하고, 큰 박수로 격려한다.

⇨ 리더는 참가자들에게 매우 사소한 것이라도 자신에게 있
는 소중한 장점을 발견할 수 있도록 격려해야 하며, 다른
참가자들의 장점도 찾아 주는 배려의 마음이 필요하다
는 것을 강조할 필요가 있다. 이때 참가자들이 다른 친구
들에게 들려주는 긍정적인 발언이 비웃음이 되거나 억
지로 표현하게 하는 방식이 되지 않도록 주의해야 한다.

〈활동자료 19〉

친구에게 힘 북돋아 주기

우리 모두는 친구들의 격려와 사랑이 필요한 존재입니다. 이제까지 함께해 온 친구들을 돌아보고 친구의 장점을 찾아 주고 힘을 북돋아 줍시다.

▷ **친구들의 좋은 점은?**

나를 사랑한다는 것은 나의 있는 모습 그대로를 받아들이고 소중하게 생각한다는 것입니다. 그동안 보기 싫은 점만을 찾아서 나라고 규정하고 힘들어했지만 나에게도 좋은 점이 있습니다.

(3) 나의 다짐

📖 **목적**: 자신과의 대화를 통해 앞으로 자신이 변화하고자 하
는 점에 대해 새롭게 인식한다.

📖 **진행방법**: 자기에게 보내는 편지를 쓰도록 한다. 내용은 협
동활동을 하며 느낀 점, 아쉬웠던 점, 감동받았던 점, 새로
운 각오나 결심 등을 적도록 한다.

〈활동자료 20〉

나의 다짐

▷ 지금 이 시간까지 모임에 열심히 참여한 자신을 칭찬해 줍시다. 그리고 이제 새롭게
출발하려는 자신을 격려하고 마음을 다지는 편지를 써 봅시다.

(4) 소감 나누기

📖 **목적**: 전체 프로그램 참가 소감 나누기

📖 **진행방법**: 리더는 프로그램 전체의 의미를 되새기게 하고, 개개인의 변화를 확인할 수 있도록 한다.

(5) 워밍업 1-마음 선물하기

📖 **목표**: 주고받는 역할 연습을 통해 상대방의 감정 알기

📖 **준비물**: 케이크 그림이 그려진 인쇄물(2인 1매씩)

📖 **진행방법**

① 2인 1조로 짝을 짓는다.

② 상대방에게 주고자 하는 선물의 그림을 천천히 주고받는다.

③ 서로의 느낌을 나누게 한다.

④ 역할을 바꾸어 본 후, 줄 때와 받을 때의 느낌을 다시 나눈다.

⑤ 적극적인 말과 행동으로 예의 바르게 다시 한 번 두 사람씩 돌아가면서 해 본다.

⑥ 종합적인 느낌을 발표하고 리더가 정리한다.

워밍업 2-신뢰게임

📖 **목표**: 집단 내에서의 신뢰감을 형성한다.

📖 **진행방법**: 원을 그리고 서서 한 집단원을 가운데 두고 밀면

몸을 꼿꼿하게 한 채로 넘어가게 되고, 넘어진 자리 밖에 있는 집단원이 다시 받아서 민다. 흐름이 끊기지 않도록 발전시킨다.

부 록

청소년상담 관련 기관

기관명	연락처
한국청소년상담원	우편번호: 100-824 주소: 서울시 중구 다산로 210 홍진빌딩 전화번호: 02-2250-3000
청소년전화	1388
서울시청소년상담 지원센터	우편번호: 100-230 주소: 서울시 중구 을지로 11길 23(수표동) 전화번호: 02-2285-1318
부산광역시청소년상담 지원센터	우편번호: 614-865 주소: 부산시 부산진구 서전로 45 전화번호: 051-804-5001
대구광역시청소년상담 지원센터	우편번호: 700-191 주소: 대구시 중구 중앙대로 81길 66-5(종로1가 83-1) 전화번호: 053-659-6240
인천광역시청소년상담 지원센터	우편번호: 402-848 주소: 인천광역시 남구 경원대로 864번길 10(주안동 939- 19) 전화번호 :032-721-2300, 032-721-2338
광주광역시청소년상담 지원센터	우편번호: 501-021 주소: 광주광역시 동구 금남로 246 YMCA 3층 전화번호: 062-1388, 062-226-8181
대전광역시청소년상담 지원센터	우편번호: 301-730 주소: 대전시 중구 문화1동 1-13 기독교연합봉사회관 2층 전화번호: 042-257-2000

울산광역시청소년상담 지원센터	우편번호: 681-812 주소: 울산시 중구 성남동 226-4번지 알리안츠생명 3층 전화번호: 052-227-2000
경기도청소년상담 지원센터	우편번호: 445-806 주소: 경기도 수원시 장안구 송죽동 505-3 경기도지방행정 　　　동우회관 1층 전화번호: 031-248-1318
강원도청소년상담 지원센터	우편번호: 200-112 주소: 강원도 춘천시 소양로 2가 178-6 전화번호: 032-256-2000
충청북도청소년 종합지원센터	우편번호: 380-955 주소: 충북 청주시 상당구 대성로 103(문화동 69-1) 제3별관 전화번호: 043-220-6826
충청남도청소년 육성센터	우편번호: 331-960 주소: 충남 천안시 서북구 서부대로 766(두정동 진암빌딩 3, 　　　4층) 전화번호: 041-554-2000
전라북도청소년상담 지원센터	우편번호: 561-836 주소: 전북 전주시 덕진구 진북동 366-1번지 전화번호: 063-274-1388, 063-273-1411
전라남도청소년상담 지원센터	우편번호: 534-821 주소: 전라남도 무안군 삼향읍 어진누리길 30(남악리 1442) 　　　여성플라자 4층 전화번호: 061-280-9000
경상북도청소년상담 지원센터	우편번호: 760-240 주소: 경북 안동시 옥야동 398-22(축제장길 20번) 전화번호: 054-850-1000
경상남도청소년종합 지원본부	우편번호: 641-230 주소: 경상남도 창원시 의창구 두대로 97 늘푸른전당 3층 전화번호: 055-711-1387
제주특별자치도청소년 상담지원센터	우편번호: 690-826 주소: 제주시 이도2동 1022-13 전화번호: 064-759-9951~2
청소년폭력예방재단	우편번호: 153-710 주소: 서울시 금천구 가산동 470-8번지 KCC웰츠밸리 602, 　　　603호 전화번호: 02-585-0098 학교폭력 상담전화: 1588-9128

|참고문헌|

강진령, 유형근(2002). 집단 괴롭힘. 서울: 학지사.

권준모(1999). 한국의 왕따 현상의 개념화와 왕따 연구의 방법론적 고찰. 한
국심리학회지: 사회문제, 5, 59-72.

김대유, 김현수(2006). 학교폭력, 우리아이 지키기. 서울: (주) 노벨과개미.

김원중(2004). 왕따: 의미, 실태, 원인에 관한 종합적 고찰. 상담학연구, 5, 451-
472.

노컷뉴스(2007. 4. 3). "친구들이 날 멀리 한다." 왕따 여고생 투신자살.

동아일보(2007. 1. 4). "집단 따돌림 없는 하늘에서 아들아, 이젠 웃음 되찾
으렴."

손진희, 홍지영, 양재혁(1998). "따돌림 당하는 아이들을 위한 집단상담 프
로그램 개발. '왕따' 현상에 대한 이해와 상담접근. 서울특별시청소년
종합상담실 개원1주년 기념 심포지엄 자료집, pp. 53-118.

이병두(2001). 학교폭력, 왕따의 개입유형과 심리적 특성. 연세대학교 대학
원 석사학위논문.

이춘재, 곽금주(2000). 집단따돌림 경험 유형에 따른 자기개념과 사회적 지
지. 한국심리학회지: 발달, 13, 65-80.

이훈구(2000). 교실이야기1: 왕따, 가해자와 피해자. 서울: 법문사.

이훈구(2001). 교실이야기2: 때리는 아이들, 맞는 아이들. 서울: 법문사, pp. 223-
280.

조선일보(2007. 3. 20). "왕따가 먼저냐 사회성 부족이 먼저냐."

Naylor, P., Cowie, H., Cossin, F., de Bettencourt, R., & Lemme, F. (2006).
Teachers' and pupils' definitions of bullying. *British Journal of*

Educational Psychology, 76, 553-576.

Olweus, D. (1991). Bully/target problems among school children: Basic facts and effects of a school-based intervention program. In D. J. Pepler & K. H. Rubin (Eds.), *The development and treatment of childhood aggression* (pp. 411-448). Hillsdale, NJ: Laurence Erlbaum.

Olweus, D. (1995). 바로 보는 왕따 대안은 있다. 이동진 역. 서울: 삼선각.

Rivers, I., & Smith, P. K. (1994). Types of bullying behavior and their correlates. *Aggressive Behavior, 20,* 359-368.

Roland, E. (1988). *Reported in council for cultural cooperation report of the European teachers seminars on bullying in schools,* Strasbourg: CCC.

Whitney, I., & Smith, P. K. (1993). A survey of the nature and extent of bully/ target problems in junior/middle and secondary schools. *Educational Research, 35,* 3-25.

www.moleg.go.kr 법제처 홈페이지

|찾아보기|

인명

내용

저자 소개

손진희

현재 선문대학교 상담·산업심리학과 교수로 재직하고 있으며, 한국상담학회 아동청소년상담 수련감독자로 활동하고 있다. 서울대학교 사범대학 교육학과에서 석사, 박사 학위를 취득하였고, 한국상담심리학회 상담심리사 1급 자격을 가지고 있다. 서울대학교 학생생활연구소, 서울특별시청소년종합상담실, 서강대학교 학생생활연구소에서 근무하였다. 청소년 문제 중 따돌림과 인터넷 중독에 관심이 있다. 또한 일반 상담영역에서 상담자교육과 상담과정에 대해 관심이 있어 이와 관련한 다수의 학술논문을 발표하였다.

홍지영

현재 홍익대학교, 아주대학교, 단국대학교 등에 출강하면서 청소년상담기관에서 상담 및 수퍼비전, 부모교육 강의를 하며 상담전문가로 활동하고 있다. 홍익대학교 사범대학 교육학과 상담심리전공으로 박사학위를 취득하였고, 한국상담심리학회 상담심리자 1급 자격을 가지고 있다. 부천시청소년상담실, 서울시청소년상담실에서 근무하였으며, 학국교육학술정보원 평가위원으로 활동하였다. 관심 분야는 청소년의 대인관계, 따돌림문제, 상담자교육, 부모교육 등에 관심을 갖고 활동하고 있다.

상담학 Best Practice 시리즈-상담문제 영역 4
청소년 따돌림 문제의 이해와 대처
교사와 상담자를 위한 실제적 지침

2008년 10월 30일 1판 1쇄 발행
2012년 3월 30일 1판 2쇄 발행

지은이 • 손진희 · 홍지영
펴낸이 • 김진환
펴낸곳 • (주) 학지사
121-837 서울특별시 마포구 서교동 352-29 마인드월드빌딩 5층
대표전화 • 02)330-5114 / 팩스 02)324-2345
홈페이지 • http://www.hakjisa.co.kr
등 록 • 제313-2006-000265호

ISBN 978-89-93510-24-9   93180

정가 10,000원